L'AUTORE 

Santo Scarcella - Giornalista professionista, ha scritto e collaborato per quotidiani, rubriche tivù e magazine per ragazzi a partire dal 1987. A inizio anni '90, a Roma, è stato coordinatore di redazione del mensile di hi-fi e musica *Stereoplay* e collaboratore di *SUONO* e *DAC*. Successivamente, dopo essere emigrato a Bologna nella redazione di *Auto,* è approdato a Milano, nel 1994, entrando a far parte della grande famiglia di *Topolino* per conto della Walt Disney Company Italia. Oltre ai magazine Disney, nel corso degli anni ha collaborato anche con diversi periodici milanesi come *MAX* e altre testate editoriali. Attualmente lavora nella redazione di *Topolino*. Passioni principali: musica e cinema di ogni genere, ordine e grado.

L'INTENTO

Nonostante un grande lavoro di *fact-checking* sia stato naturalmente fatto, diversi capitoli di questo libro rappresentano più una ricerca, un'esplorazione, che non una caccia all'attendibilità assoluta di ogni singolo frammento raccolto. L'intento, lo spirito originale di questo *Diario di Bordo* alla scoperta del Jpop era, ed è, quello di stimolare altri appassionati a crearsi il loro tragitto autonomo verso questo universo musicale variegato e coinvolgente. Del resto, la domanda ispiratrice alla base di questi capitoli è sempre stata: "Cosa accade quando rimani incantato da una canzone giapponese e non conosci la lingua?". Tanto, di tutto e anche di più...

Solo 64 stravaganti capitoli in cui si parla di: "vocette" e "vocioni", jodel e melismi, Oriente e Occidente, ayumi hamasaki (scritto minuscolo) e Kyary Pamyu Pamyu, Kobidō (Ko-Bi-Dō) e il massaggio dell'Eterna Giovinezza, Neil Young e Jackson Browne, Yumi Matsutōya e Trinità dei Monti, B'z, idol nipponiche e misure femminili, "ciccia" e mucche di Matsuzaka, Federico García Lorca, debito pubblico e idioma nipponico, Kumi Kōda, John Lennon ed Hello Kitty. Leo Ieiri, Hiroo Onoda e i Southern All Stars. Minmi, Dreams Come True, AKB48, Obi e mercato discografico giapponese. E poi SAGA, Suboi, Ayaka, Arc~en~Ciel, tilde e trattino, treni MagLev, Misia, Convenzione sulla diversità biologica, idrogeno, Tsuyoshi Nagabuchi, *fuel cell* e Toyota Mirai, Miyuki Nakajima, Mr. Children, GLAY, Wagakki Band, tarocchi, Shigin, Yūko Suzuhana, Shamisen, Shakuhachi e... altro ancora!

Concept di copertina: *Santo Scarcella* Disegni e colore: *Roberta Migheli*
Impaginazione e grafica: *Giulia Zacchetti* Editing: *Andrea Carlo Ripamonti*
Consulenza editoriale: *Mari Kawanishi*
Consulenza e ispirazione da Yokohama: *Ai Uchida*
Consulenza da Milano: *Fabio Madaro, Maurizio Bergami*
Incoraggiamenti: *Francesca Agrati, Davide Catenacci, Francesca Fagioli,*
Cristina Meroni, Vito Notarnicola, Francesca Pavone, Stefano Petruccelli, Emanuela Peja
Ringraziamenti particolari: *Fausto Vitaliano*

IL LIBRO ♬

Non è un saggio e neanche un romanzo. Non si tratta di un'inchiesta e nemmeno di una guida. In realtà queste pagine rappresentano una *lunga canzone d'amore* dedicata al mondo della musica del Sol Levante. Un *Diario di Bordo* narrato a "due voci" alla scoperta del Jpop. Una manciata di capitoli o, meglio ancora, di dialoghi irriverenti tra appassionati impertinenti all'insegna della MUSICA. E non solo!

IL TONO ♬

Cambiano i capitoli, varia anche il tono e l'umore con cui vengono scritti. Proprio come nella vita di ogni giorno. Scambi quattro chiacchiere con un amico e usi un tono. Parli con la vicina di casa e ne adoperi un altro. Per non parlare di quando affronti un meeting di lavoro, o ti confronti con i rimbrotti della mamma. Toni diversi per momenti diversi. Fatti di intensità, cadenze e modulazioni tonali eterogenee. Un *Diaro di Bordo* rispetta questo andamento. Alterna toni formali e colloquiali a scambi di battute e dialoghi più confidenziali. Poi, magari, vira improvvisamente come se fosse un articolo di giornale. La cosa è voluta. Non potrebbe essere diversamente. I contrasti rappresentano il bello della vita, fatta di momenti e situazioni differenti. Proprio per questo, nonostante un lavoro di "compattamento dei toni", l'eterogeneità espressiva tipica del *Diario di Bordo* è stata mantenuta e salvaguardata.

PROLOGO ♫ JPOPPA CHE TI PASSA!

"Ai, Ai, Ai", ma del Jpop che ne sai? Nulla o quasi. Almeno all'inizio. Poi, casualmente, incappi in una canzone giapponese, te ne innamori e scopri una dimensione parallela che non immaginavi. In quel preciso istante comincia un viaggio, non privo di difficoltà, all'interno di un universo sconosciuto tutto da scoprire, una realtà alternativa simile a una lunga canzone d'amore, Ai no Uta, per dirla alla giapponese, che ti sforzi di tradurre e interpretare giorno dopo giorno, ora dopo ora. Così facendo comprendi che di buona musica da ascoltare, in giro per il mondo ce n'è davvero tanta. Dipende soprattutto dalla passione e dalla voglia di ognu-no di guardarsi intorno lasciando orecchie e occhi bene aperti. Perché non c'è barriera, né linguaggio che la musica non riesca ad abbattere. A patto che sia buona, naturalmente. Più o meno come quella narrata su queste pagine che rappresentano un sintetico itinerario alla scoperta di una dimensione musicale alternativa. Un cammino, capitolo dopo capi-tolo, fatto in compagnia di un'amica fidata al ritmo, anzi, a suon di biz-zarri botta e risposta, curiosi battibecchi, singolari malintesi e bislacche battute a tratti anche un po' allucinate. Un viaggio alla scoperta di artisti e musicisti di cui si conosce davvero poco dalle nostre parti e anche, al tempo stesso, uno sproloquio su una manciata di curiosità, più o meno note, che circolano quotidianamente quando si parla del pianeta Giap-pone. Tutto analizzato dal particolare punto di vista dei due protagonisti e annotato su questo immaginario e ideale Diario di Bordo fatto di brevi capitoli cartacei. Più che un libro, una guida o un romanzo, infatti, queste pagine rappresentano una lunga chiacchierata *vis à vis* tra due irruente anime erranti. O, per meglio dire, un feticcio romanzato, un oggetto che all'interno custodisce diverse piccole manie, elucubrazioni, dialoghi, me-morie e indagini più o meno riuscite. Perché, in fondo in fondo, ognuno di noi ha il suo oggetto del desiderio. Ognuno ha la sua mania un po' fetish da appagare, alimentare e, magari, anche offrire al prossimo come una strenna da scoprire o, nel peggiore dei casi, da riciclare velocemente ai più incuriositi e appassionati tra noi. Amen. Anzi, no: Kanpai! (Salute!)

PREMESSA ♫ VIVI E LASCIA JPOPPARE!

Il Giappone, da Kyūshū attraverso le isole Shikoku e Honshū fino a Hokkaidō è lungo quasi 3800 km. Tre milioni e 800mila metri fatti di teatro, danza, musica e poesia. Una specie di Antica via della Bellezza artistica sconosciuta ai più. Già, perché il Giappone non è solo un agglomerato di gruppi di interesse e di politiche fiscali ed economiche, di templi scintoisti e tradizioni millenarie, di efficienza pubblica e progresso tecnologico, di manga e anime, ma anche e soprattutto altro. A partire dall'Arte. Un Paese che è stato per decenni la seconda economia del mondo per PIL, superato dalla Cina nel 2010, ma tutt'oggi terza economia mondiale, non poteva non esprimere un analogo tasso di crescita, sviluppo e perfezione in ogni ambito artistico. Musica in testa. Associata e ridotta spesso, per convenienza o ignoranza, solo a colonna sonora di animation movie e videogame oppure a futili motivetti per teenager. In realtà l'universo musicale nipponico rappresenta il secondo mercato discografico del mondo, a ridosso degli Stati Uniti, da cui hanno preso ispirazione, traspirazione e linfa vitale sin dal dopoguerra dando vita, anno dopo anno, a una meravigliosa quanto talentuosa galassia musicale. ayumi hamasaki, scritto minuscolo, non è peggio di Lady Gaga. Così come Kumi Kōda non è affato artisticamente inferiore a Madonna o Rihanna. Al tempo stesso i B'z non hanno nulla da invidiare agli Aerosmith o Ted Nugent, mentre gli Arc-en-Ciel sono forse più coinvolgenti di U2 e Simple Minds messi insieme, solo per citare qualche esempio. Tutto questo senza dimenticare l'incredibile impatto che band e artisti giapponesi riescono ad avere nelle tournée live in cui - chi ha avuto occasione di assistere lo sa bene - sono dei veri e propri Maestri, ben più degli statunitensi. Ambientazioni, scenografie, effetti speciali, improvvisazioni e trovate sceniche sono forse più vicine al mondo teatrale e cinematografico che non a quello musicale occidentale. Lo showbusiness fa parte del loro DNA e la perfetta integrazione tra teatro, danza, musica, poesia e computer art è una realtà ormai consolidata da quelle parti. Queste pagine sono dedicate proprio a questo universo particolare e coinvolgente.

AI NO UTA, UNA LUNGA CANZONE D'AMORE...

Cosa succede quando tenti di capire qualcosa di più della musica nipponica? Tanto e di tutto. Oppure nulla. Dipende dai punti di vista. Argomenti frammentati, news trattate marginalmente e dati poco accessibili, non solo a causa della lingua, rappresentano un discreto ostacolo. Biografie di artisti e band ci sono, ma guai a fidarsi troppo, soprattutto nel web pseudo enciclopedico, c'è il rischio di prendere serie cantonate. Analogamente, i siti ufficiali delle case discografiche parlano soprattutto giapponese, quindi, a meno di non conoscere la lingua, l'accesso è negato. Quanto agli organi d'informazione, almeno nel nostro Paese esiste davvero poco. Discorso diverso nel mondo di quotidiani e news magazine anglosassoni cartacei e online, statunitensi in testa, forse gli unici a trattare con una certa serietà, ma solo di rado, l'argomento jpop. Gli europei, al contrario, sono abbastanza distratti in materia. E le informazioni circolano solo grazie ai volontari di pochi blog online che fanno quello che possono. Insomma, spesso il miglior fact-checking per uso culturale personale è quello di verificare le cose direttamente da magazine, album e Blu-ray nipponici, acquistabili via web a prezzi superiori alla media a causa dei costi di spedizione uniti alle immancabili tasse doganali. Ma quando vai alla scoperta di qualcosa che ti coinvolge, nulla può fermarti. A parte malintesi, incomprensioni, travisamenti e interpretazioni errate che sono comunque nella norma, quasi all'ordine del giorno. Anzi, per certi versi, rappresentano la testimonianza degli sforzi per cercare di mettersi al corrente. Documentarsi vuol dire anche seguire delle piste, a volte buone, altre no. Ma prova oggi, verifica e riverifica domani, alla fine arrivi a dipanare il bandolo della matassa. O almeno qualche minuscolo filo. Alla faccia della mitologica Arianna. Del resto solo chi non lavora, non s'incuriosisce e non indaga, non rischia mai di sbagliare. A tutti gli altri capita. Così, forte di questo entusiasmo e preso da un turbine musicale in cui ho coinvolto anche la mia amica Ai, all'inizio del 2014 ho cominciato a redigere una sorta di *Diario di Bordo,* cominciando con poche annotazioni e una raffica di meditazioni personali...

VOCETTE, EMISSIONI DA NON TRASCURARE...

Vocetta, pensavo. Vocetta, immaginavo. Vocetta, ascoltavo in silenzio. Cosa poco comune di questi tempi in cui tutti pensano ad alta voce. Con le rissose conseguenze del caso. Vocetta femminile, dicevo. Tra registri alti e certamente poco gravi. Anche perché di "grave" basta la mia ammirazione. Scrivevo "vocetta", come sostiene qualcosa dentro di me. "Vocetta", ribadisco ancora. Già, ma qual è la novità? Vocette e vocioni sono parte integrante dell'espressione umana. Appelli, grida e clamori, tra voci femminili e maschili che si diffondono nell'aria. Appelli alla battaglia, al lavoro, alla preghiera, alla festa, alla manifestazione del libero pensiero. Vocette che si propagano nell'aria. Che diventano grida di lutto, stupore, tristezza e gioia. Vocette alla Neil Young, clamori di protesta e rimpianto. Oppure all'Aaron Neville, gioia e malinconia, qualcuno lo ricorda ancora? Vocette come quella di Roger Hodgson dei Supertramp e via a seguire, magari Jimmy Sommerville, Boy George, Moby, Paul Heaton degli Housemartins. Tutte vocette che parlano, declamano e cantano. E ci hanno fatto ballare dentro e fuori. Espressioni verbali che diventano musica, parole forse assenti, poco intelligibili, ma fondamentali nella melodia totale. E allora chi se ne frega della "vocetta". Gli Earth, Wind & Fire riposano tranquilli, loro vociavano in sciame. Robert Plant è sgraziato, ma non certo vocetta, suggerisce la mia coscienza interiore. Mika, aspirante vocetta, cerca di avvicinarsi a Freddy Mercury. E Marvin Gaye rimane un trionfo di vocetta Motown, rimembrando quel Michael Jackson che non ha mai scherzato quando ci si è messo di buona lena. Tra infinite sfumature timbriche, tecniche e modalità di ogni tipo, i repertori vocali fanno sempre scintille. Vocette parlate, declamate, cantate. Tutti i colori del suono. Anzi, delle vocette. Ringo Shiina, da stamattina è la mia vocetta. Brano tre, dall'album Gyaku yunyū - Kōwankyoku, diavolo d'una translitterazione in rōmaji. Atmosfere jazz, swinganti. Titolo: プライベイト. E che cavolo vorrà dire? E, soprattutto, chi diavolo è Ringo Shiina? Da quale porzione di cielo è piovuta? Magari dal paradiso delle vocette?

JODEL, OVVERO KILLER
A CACCIA DI ALIENI…

Oriente e Occidente, ogni tradizione vale. Prendi la natura di una voce, forzala per ottenere registri che non le appartengono e poi vai avanti. Penso allo jodel (o jodler) l'esempio più noto ed efficace dell'alternanza di registri con la stessa voce. A tutti vengono in mente le Alpi svizzere, l'Alto Adige e l'Austria. A quasi nessuno il country yodel (stavolta con la "y") che stermina gli alieni invasori del film *Mars Attacks!* Tutto a riprova del potere della vocetta! "Yodel-ooo-ooo-iii", dalla voce al falsetto, salti di sesta, settima e ottava in successione tra vocali e consonanti prive di significato. Una miscela canora che fa esplodere i testoni dei marziani trasformandoli in gelatina verde appiccicosa. Il regista Tim Burton è un esperto di vocette, visto che i suoi marzianetti parlano, anzi, parlavano, come pochi altri. Almeno fino al country yodel definitivo. Insomma, gli UFO sono fra noi e sembra che abbiano tutti la vocetta. Sicuramente assai meno entusiasmante di quella di Ringo Shiina, che ho ascoltato stamattina. In realtà, il suo vero nome è Yumiko Shiina, nata a Urawa (oggi città di Saitama), il 25 novembre 1978. La stessa città del Saitama Super Arena, l'arena polifunzionale nipponica che ospita sino a a 37.000 spettatori, una delle arene giapponesi attrezzate per ospitare anche partite di football americano. Posti rimovibili, a fisarmonica per ospitare eventi sportivi e musicali. Per 10 anni, fino al 30 settembre 2010, ha ospitato il John Lennon Museum, con tutte le memorabilia del cantante dei Beatles! Lo avreste mai immaginato? Del resto Yoko Ono era giapponese, bruttina d'accordo, ma pur sempre giapponese. Ma Ringo, che non è il batterista di John, è un'altra cosa ancora. Lei, da Ringo Shiina si trasforma nominalmente in "Sheena" quando approfondisci sul web la sua conoscenza. Oppure quando osservi la cover dei suoi Cd. Cambia poco però, rimane sempre cantautrice, musicista, compositrice e produttrice discografica. Cambia poco per la sua vocetta acuta e nasale. Cambia poco per lo stile musicale variegato ed eterogeneo. Cambia poco perché rimane una delle più apprezzate musiciste "poppu-rokku" del Paese più a Oriente del mondo. Gusto moderno, radici antiche. Dicono. Gran bella figliola. Penso io. Che non guasta mai. Anche con la vocetta. Certo, forse non piacerà a tutti, ma l'importante è esprimersi, comunicare, fiatare, aprire la bocca, modulare la voce e vuotare il sacco cantando.

CAPITOLO 03

PARLATO, DECLAMATO, CANTATO: PRONTI PER L'EMISSIONE SONORA?

Quanti modi abbiamo per evadere dalla monotonia timbrica del discorso quotidiano? Uno solo, la vocetta! E tutte le sue possibili sfumature. Si comincia col semplice parlato, poi il parlato scandito, il parlato declamato, il parlato recitato un po' enfatico, il tono parlato-cantato per arrivare al canto dispiegato e, dulcis in fondo, al canto intonato. Parlato, declamato, cantato. Beato me che l'ho capito! Ci pensavo proprio stamattina mentre mi sbarbavo. Di vocette e cori in falsetto si può morire! Jackson Browne lo sapeva bene mentre cantava il ritornello rigorosamente live della "sua" *Stay* tratta da *Running on Empty*. Anche se in realtà era una canzone poco sua, visto che l'autore originale era "un certo" Maurice Williams che l'aveva scritta nel lontano 1953, a soli 15 anni e portata al successo insieme agli Zodiacs sette anni dopo, quando raggiunse il primo posto nelle classifiche americane. Era il 21 novembre 1960. Dovevo ancora nascere. Non avrei immaginato quante volte l'avrei ascoltata solo 20 anni più tardi. E quanto mi avrebbe entusiasmato la "vocettata" di Jackson nel ritornello. Né più, né meno quanto quella della splendida Ringo Shiina nelle sue performance canore. Ma lei non è la sola, naturalmente.

Di vocette, le classifiche musicali di tutto il mondo sono piene. In tutte le tradizioni, in ogni latitudine. Sin dall'antichità. Con tutta la loro carica di valori simbolici. Nell'opera cinese di Pechino come nel teatro Nō giapponese. Nel primo, l'attore canta "vocettando" per interpretare un personaggio femminile; nel secondo, che esclude la presenza di donne, la voce si trasforma, si tramuta in vocetta adeguandosi alla maschera tradizionale di scena. Vocette del teatro Nō e... vocette del teatrino "Sì". "Sì, guardami, esisto, sono la tua vocetta, personifico un'entità sovrannaturale, quasi divina e cerco, allo stesso tempo, di non romperti troppo le scatole". Anzi, di allietare i tuoi momenti più bui...

CAPITOLO 04

IL MIO NOME È AYU,
SCRITTO MINUSCOLO...

Vocette o non vocette, il primo luglio 2014, Shinzō Abe, premier nipponico, guida la sua maggioranza parlamentare all'approvazione di una modifica interpretativa delle rigide norme costituzionali (*). Le forze armate giapponesi potranno sparare non solo in caso di attacco al territorio nazionale, ma anche in difesa di alleati o minacce immediate e dirette all'arcipelago. *Il Giappone non è più un Paese ultrapacifista,* declama il radiogiornale mentre mi accingo a uscire di casa. "Ma chi se ne frega", penso sottovoce. "Il diritto alla difesa collettiva è riconosciuto dall'Onu a tutti i Paesi del mondo". Perché mai dovrebbe impressionarmi tutto questo? *Siamo alla svolta storica di Tokyo,* ribadisce il commentatore subito dopo il lancio della notizia. Sarà, ma la vera svolta ce l'avevo in mente qualche giorno fa: ayumi hamasaki live, posto singolo **9300 JPY** (67,07 euro al cambio di ieri). Data, Tokyo 3 luglio 2014 - Yoyogi National 1st Gymnasium (15mila posti max). Prezzo biglietto posto riservato **18000 JPY** (129 euro). Commissione sull'ordine online **2700 JPY** (19,47 euro). Totale **20700 JPY** (149,29 euro). Tanto? Poco? Dipende dai punti di vista. Poco, calcolando gli analoghi parametri europei ed americani. Poco per chi conosce il concetto di posto riservato in Giappone. Poco per chi apprezza la durata degli show di ayumi hamasaki. Poco per chi sa cosa vuol dire vivere l'esperienza di un'esibizione live di musica giapponese. ayumi hamasaki Premium Showcase ～Feel the love～ tour: 11 spettacoli in 3 città, Tokyo, Osaka e Nagoya. Ma non ci sarò. Almeno questa volta. Sarà per la prossima. Del resto è dal 2000, da ben 14 anni, che ayumi tiene il suo **nationwide tour** attraverso tutto il Giappone (e Asia limitrofa). Show straconosciuti per la qualità dell'intrattenimento live. Senza confronti. Beyoncé, Rihanna, Kylie Minogue o Madonna, coi loro show più decantati, riescono a reggere a malapena il confronto, dipende dai gusti. E quando lo fanno pareggiano la partita. Difficile vincere quando in ballo c'è ayumi. Almeno per me. Mi chiedo solo come mai, negli anni, nessuno stratega del marketing abbia mai avuto l'idea di importare e supportare la sua musica. Chissà chi lo sa...

(*) in teoria la Costituzione giapponese vieta le forze armate che per questo si chiamano ancora Forze di Autodifesa. Le norme che derivano da quelle modifiche legislative dovrebbero allentare i limiti alle attività militari giapponesi in caso di missioni di *peacekeeping* soprattutto sotto egida Onu.

CAPITOLO 05

POWER OF MUSIC 2011, TEMPESTA E PASSIONE

Guardami, esisto. Il mio nome è ayu. E del premier nipponico Abe cosa me ne importa? In effetti davvero poco! Ho scoperto ayumi poco tempo fa. E da allora tutto è cambiato. Musicalmente e no. Chi l'avrebbe mai detto? È stato come tuffarsi nelle acque limpide di un arcipelago particolare, emozionante e rivitalizzante. "Forza e bel suono come in un arco teso", per dirla alla Kim Ki-duk, regista coreano, maestro di alcuni film memorabili (e altri meno). Ma proprio davanti la Corea si estende un arco particolare, quello dell'arcipelago del Giappone che si sviluppa tra i 30° N Kyūshū meridionale ed i 45° N Hokkaido settentrionale, una latitudine equiparabile alla distanza che c'è tra Venezia e il Cairo. Calcolando pure le Isole nipponiche del Sud a latitudine 20°, l'ampiezza totale dell'arco è quasi di 3800 km. L'arco, ovvero la curva dei miei trascorsi musicali, invece, comincia con Sanremo fine anni '60 (*Lisa dagli occhi blu* cantata da Mario Tessuto, Massimo Ranieri e *L'Erba di Casa Mia* contro Claudio Villa e Bobby Solo, per intenderci) e poi la hit parade di Lelio Luttazzi, Beatles e Rolling Stones. E oggi continua con ayu. E oltre...

Ayumi Hamasaki Power of Music 2011 è l'evento scatenante, la folgorazione. Prima, cercavo solo di capire qualcosa di quello che comunemente viene chiamato Jpop. Angela Aki, la prima musicista con cui mi sono confrontato, mi ha lasciato sorpreso. Brava e possibile. L'inizio di un'avventura. Una seconda opportunità per una passione musicale quasi sopita e abbandonata al mondo del cinema. Insomma, ayu rinnova le grandi sbornie della mia vita. Quelle prese con Beatles e Rolling Stones e proseguite con Neil Young, Jackson Browne e Bruce Springsteen. Ribadite poi con America ed Eagles. Sostituite diversi anni dopo con John Hiatt, Nils Lofgren e Lloyd Cole. Per non parlare di tutta la Motown e di un gran bel pezzo di Nashville. Ovviamente corroborate dalle gite a Opryland (*) e le escursioni nell'hip hop più apprezzabile e ben arrangiato. Insomma, *Power of Music*, il potere della musica è sempre in agguato. E spesso ritorna. Anche se non pensi che lo faccia nei panni di una piccola fatina orientale a tratti "vocettante". Del resto, a pensarci bene, ci sono diverse "categorie" femminili in "mostra" nella sfilata musicale giapponese, apparentemente non molto diverse dalle bambole neogotiche e dalle lolite alternative un po' cotonate che trovereste a Tokyo od Osaka. Ma questa è solo l'apparenza. In realtà, come sempre, dietro i soliti luoghi comuni triti e ritriti sull'oriente si nasconde molto di più. Fortunatamente il Giappone non è quello che ci dipingono gli appassionati

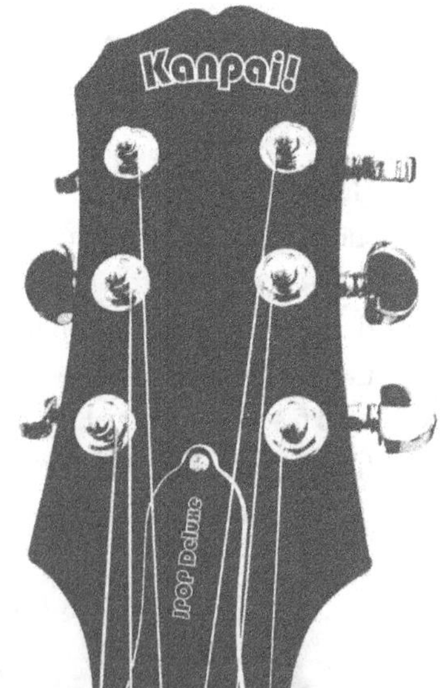

un po' fissati di manga e anime. Meglio ribadirlo bene. Così come gli Stati Uniti non sono un enorme parco Disney in cui si muovono divertenti personaggi per bambini. C'e di meglio, c'è di più e c'è ben altro. C'è soprattutto la musica. A tratti vocettante, a tratti swingante, a tratti anche kawaii. Un concetto, quest'ultimo, che va oltre ayumi e arriva a una certa Kyary Pamyu Pamyu...

(*) **Opryland USA** (chiamata successivamente **Opryland Themepark**) è stato uno dei parchi tematici più conosciuti degli Stati Uniti, situato a due passi da Nashville, nel Tennessee. Negli anni '80 quasi 2 milioni e mezzo di persone hanno visitato il parco conosciuto anche come *The Home of American Music,* considerando l'alto numero di attrazioni e show musicali radiofonici e televisivi, dedicati al mondo della musica country americana e trasmessi proprio da lì.

CAPITOLO 06

PON PON PON,
PIÙ KAWAII DI COSÌ SI MUORE...

Rilascia interviste in tutta Europa, appare nello show tv francese *Le Petit Journal* di Canal Plus+, posa per riviste internazionali come *Elle* e poi mi raggiunge sul 46 pollici di casa mia. Incredibile, vero? Il suo nome d'arte ufficiale è assai strano: Caroline Charonplop Kyary Pamyu Pamyu, per gli amici solo Kyary Pamyu Pamyu. Dicono che al liceo amasse indossare parrucche bionde tirandosi addosso curiosità e scherzi delle compagne di scuola che, ironizzando spesso, la ribattezzarono "Kyary", come fosse una cheerleader appena sbarcata dalla California. A parte questo, un giorno la nostra piccola Lady comincia a fare la "fashion blogger" e decide di aggiungere l'appellativo Pamyu Pamyu al suo soprannome di derivazione occidentale. Lei lo trova carino, suona bene e attira l'attenzione. Il resto è storia. D'altro canto, oltre al blog, agli albori della carriera posa come modella per le riviste di Harajuku-*Kera!* e *Zipper.* Dopodiché firma una linea di cosmetici e di ciglia finte chiamata *Harajuku Doll Eyelashes by Eyemazing x Kyary.* Ciglia ottime per le passerelle di moda. Non c'è che dire. Aiutano a fare molto "kawaii," ovvero "cute", tenero, e vanno bene pure per la musica. Dopo un paio di singoli digitali da scaricare su internet e qualche collaborazione qua e là col marchio DOKIDOKI per le vittime del terremoto del Tōhoku, nell'estate del 2011 "spara" nella rete altri due singoli digitali: *Pon Pon Pon* e *Jelly.* La clip del primo non dilaga, ma si espande attraverso YouTube come un virus. E dopo tre anni ottiene oltre 50 milioni di visualizzazioni. *Pon Pon Pon* scala anche le classifiche iTunes di Finlandia e Belgio entrando nella *Billboard Japan's Hot 100s Chart.* Settantaduesimo posto. Poco, ma chi-se-ne-frega. Lei è una fashion blogger diventata modella, cantante e, porca la miseriaccia, ideatrice di ciglia finte. Nonché, al tempo stesso, promotrice e filosofa della cultura kawaii. Del resto - *my God!*- è pur sempre un Harajuku Girl. E se non sei kawaii, laggiù, in quella zona di Tokyo sono guai. Già, kawaii, ovvero "carino", "amabile", "adorabile". Tanto per tradurre il concetto in italiano. Ma kawaii non è solo "carino", ci mancherebbe. Questo aggettivo della lingua giapponese, apparso agli inizi degli anni '80 al seguito di personaggi manga, anime e videoludici insieme al loro bagaglio di oggetti collegati, è anche altro. C'è tutto un mondo dietro, tutta una cultura fatta di esteriorità, modi di vestire, agghindarsi, parlare, scrivere, comportarsi, un modo di essere in voga presso tantissimi adolescenti giapponesi. Ragazzine, ragazzini, giovincelle e, a tratti, anche oltre. Kawaii è "carino", "amabile", "adorabile". Ma anche piccolo, tenero, buffo, innocente, infantile, ingenuo e soprattutto "rosa" avvolto di tonalità e colori "femminili" che vanno dal bianco all'azzurrino, dal violetto al rosa. A dirla tutta, kawaii è soprattutto "Lei", Takemura Kiriko, nata a Tokyo il 29 gennaio 1993, in arte Kyary Pamyu Pamyu. Piccola e kawaii. Piccola come l'omonima parola composta dai caratteri kanji 可 (ka) e 愛 (ai) che, in altri termini, vogliono dire "accettabile" e "amore". Una lettura forse un po' semplificata perché, a ben vedere, potrebbe essere scritta Kawaii-Kyary! E nessuno ci troverebbe nulla da ridire.

IL FASCINO DI "PETER PAN" KYARY. VERA GLORIA O IRREALTÀ?

Leggevo che a Kyoto ci sono 200 templi, 200 giardini e 300 ciliegi solo lungo le rive del Kamo, il fiume che la percorre da nord a sud. Non a caso viene chiamata la città dei "mille templi", grazie ai suoi 1600 templi buddisti, 400 santuari shintō e dozzine di giardini e musei dichiarati Patrimonio dell'Umanità dall'UNESCO. Ottima notizia per uno nato a Roma, la città delle mille chiese (per la precisione più di 900 calcolando anche quelle sconsacrate e di altre confessioni) con tutta la loro storia fatta da diciassette secoli di avvenimenti religiosi, sociali e artistici. Dunque pane per i miei denti. Anche se, oltre a templi e chiese di ogni tipo, consacrate o meno, nella mia mente ora ci sono mille immagini. Quelle di cui parlavo prima. Le stesse di Kawaii-Kyary che si esibisce nel live *tour no Magical Wonder Castle* il 18 e il 19 gennaio 2014. Secondo i siti dei fanclub locali, all'inizio del 2014 Kyary Pamyu Pamyu ha redatto una sorta di manifesto promettendo a tutti i fan che si sarebbe evoluta in "Super Kyary Pamyu Pamyu". Porca Vacca! Capitan America si stava già toccando i "paesi bassi" quando, a un certo punto, pensandoci bene, ha capito che non c'era bisogno dell'intervento degli Avengers. Super Kyary Pamyu Pamyu è naturalmente, teneramente, pacificamente, pacatamente kawaii. Lei, più che "super" è "cute" e anche un po' Peter Pan. Vola e fa volare tutti i suoi fans. Come quei 12.000 al giorno accorsi allo Yokohama Arena per il suo *tour no Magical Wonder Castle*. Lei vola tra le origini della musica giapponese e mescola un po' tutto. Oppure, forse, sono io che mescolo musica Enka, Anime, Videogame, Kayōkyoku, Vocaloid e tradizionale nipponica come in questo momento.

- Già, - sostiene la mia amica Ai, di Yokohama, - capire la musica orientale forse non è così facile nemmeno per me.
- Solo a prima vista, - aggiungo. È un po' come se un giapponese che

non ha mai ascoltato musica rock (un po' difficile), si ritrovasse improvvisamente a cavallo tra Europa e Stati Uniti davanti a 70 anni di musica da capire e ascoltare. Fai un po' te: 2014 meno 70 fa 1944. E quasi ci siamo, il primo rock'n'roll comincia tra la fine degli anni quaranta e l'inizio dei cinquanta.

- Tutto questo, - aggiunge lei, - senza considerare le vere origini del rock, ovvero quella miscela di spiritual, blues e jazz contaminati anche dal folk irlandese, scozzese e olandese importati dai primi coloni del Vecchio Continente e divenuti poi la base del country americano.

- Già, tanto per semplificare, anche senza un approccio accademico ci vuole poco a capire la complessità del tutto, - sottolineo.

- Senza dimenticare, - aggiungo - che le origini della musica e delle canzoni giapponesi sono legate all'alternarsi delle aperture e chiusure del Giappone alla cultura straniera e alla successiva maturazione all'interno dell'isola di queste contaminazioni musicali. No?

- Okay, ma cosa me ne importa? - sorride trafelata lei e poi continua.

- Voglio solo scoprire qualcosa di nuovo, non redigere un trattato di storiografia musicale...

- Be', tanto per farla breve, per semplificarti la vita e farti capire qualcosina, forse dovrei suddividere la musica giapponese in quattro o cinque filoni.

- Vale a dire?

- Vale a dire musica Enka (da "en" performance e "ka" canzone), musica anime e videogame (dalle colonne sonore dei corto e lungo metraggi animati a quelle dei videogiochi più popolari), musica tradizionale giapponese (quella del teatro Nō, del Bunraku -il teatro dei burattini-, più il teatro Kabuki) e, per finire, musica Kayōkyoku (una specie d'evoluzione occidentalizzata delle ballate Enka).

- E pure, quasi mi dimenticavo, - sottolineo di nuovo - la musica occidentale di Okinawa, diversa da quella nipponica per tutta un'altra serie di motivi.

- E il Jpop? Aggiunge lei...

- Quello è ancora un'altra cosa di cui parlare in un altro momento...

- Già, - riprende - ma allora quella di Super Kyary Pamyu Pamyu cos'è?
- È come tutte le altre, bella se ti piace. Brutta se non ti piace!
- Imbecille!
- Fine delle trasmissioni.

Incredibile, penso tra me e me, sto parlando di musica giapponese a un'insegnante nipponica che vive e lavora nel Paese del Sol Levante! Che stia mettendomi alla prova per vedere quanto ne capisco? Oppure è solo curiosa di capire dove voglio arrivare? E poi cosa penserà mai delle... vocette? Chissà...

CAPITOLO 08

DOPO LA "VOCETTA", IL MELISMA! MEGLIO PARLARNE INSIEME...

Collerico, melancolico, flemmatico, sanguigno. Il signor Melisma è un uomo dal piglio strano, lontano parente della signora vocetta, ma con diverse caratteristiche. Può essere estroverso, gradevole, coscienzioso, nevrotico e irritabile. Non a caso il signor Melisma è il peso massimo della vocalità! Lui canta e declama, è un vero energumeno della musica vocale. "Cose cantate" e "cose raccontate/declamate" poco importa, lui è sempre lì. Proprio come nella musica tradizionale del Sol Levante. Utaimono "cose cantate" e Katarimono "cose raccontate/declamate". Si, ma come si distinguono? E cosa diavolo fa questo signor Melisma? Semplice, è uno che si diverte a caricare su una sola sillaba di testo una serie di note di altezze diverse. In altre parole, lui stira una vocale della stessa melodia su varie note e canta modulando l'intonazione senza interrompere la sua emissione vocale. E così facendo, o così cantando, il testo diventa poco comprensibile. Anzi, non si capisce proprio nulla. Nell'Utaimono, cose cantate, accade più o meno questo. Nel Katarimono, cose raccontate/declamate, invece, l'esatto contrario: il testo è abbastanza comprensibile e il signor Melisma va a farsi friggere.

- In sostanza - osa Ai -, il signor Melisma è una specie di nenia...

- Dipende dai punti di vista. Qualcuno si entusiasma al punto da chiamarlo anche jubilus, qualcosa che esprime soprattutto il sentimento e fa del melisma la sua relativa espressione melodica. Per esempio lo jubilus non è altro che un melisma prolungato sulla *"A"* finale dell'Alleluia!

- Alleluia?!

- Si, Alleluia altrimenti Hallelujah oppure Halleluyah! Insomma la parola più gioiosa usata dai devoti cristiani (ma non solo) per esprimere lode e acclamare Dio.

- Oh si, alleluia, non ho capito nulla, ma alleluia, mi piace, esclama lei...

- E se serve a esprimere quello che il pubblico prova quando qualcuno sale sul palco, be' allora... alleluia! Fine della discussione.

In realtà, a ben vedere, quello che accade quando qualcuno sale sul palco è, in molti casi, la conseguenza delle performance di tante "signorine vocette" e qualche "signor melisma" messi insieme. Un concentrato esplosivo di vitalità.

L'importante, oggi come oggi, è che la musica sia sempre connessa ad altre forme di espressione artistica come teatro, danza e poesia. Un po' come accade con la musica tradizionale giapponese, ovvero quella, per semplificare, che deriva dal **teatro Nō**, dal **Bunraku** (il teatro dei burattini) e dalle musiche di scena del **teatro Kabuki**. E magari, visto che siamo negli anni 2000, anche musica associata a cinema, coreografia, scenografia, lighting design, fotografia e computer grafica integrata a sistemi video wall. Come a dire un trionfo di arti visive e sonore, il massimo completamento della musica, quella con la "M" maiuscola. Insomma, l'unione tra teatro, musica e danza con le principali forme di espressione artistica moderne legate alla tecnologia informatica, computer o digital art che dir si voglia. L'unione che fa la forza per la performance perfetta. Come quelle di una certa signorina a tratti "vocettante" nata a Fukuoka il 2 ottobre del 1978. Non troppo tempo fa...

MUSICA MAESTRO!
AYU È SEMPRE IN AGGUATO...

Teatro, danza, musica e poesia. Non accade spesso. Ma nei concerti di ayumi hamasaki le cose vanno proprio così. Basta averne visto qualcuno. Magari a partire dal tredicesimo tour live Power of Music 2011. Lo start è il 7 Maggio 2011 all'Hiroshima Green Arena, il "FINAL Chapter" arriva il 30 settembre 2011 all'Osaka Castle Hall e, la ciliegina sulla torta, il culmine è "Limited Edition" del 18 e 19 ottobre 2011, al Saitama Super Arena. Di questo impianto ne ho parlato in apertura. Posti rimovibili per ospitare eventi sportivi e musicali. Partite di football americano, match tra squadre NBA come Seattle Supersonics e Los Angeles Clippers e concerti di rockstar come Muse, Green Day, Queen, Mariah Carey, Radiohead, GazettE, Coldplay, Beyoncé, Backstreet Boys, AC/DC, Metallica e persino Lady Gaga. Anche se (non me ne vogliano i fans di Lady Gaga), in quest'ultimo caso i paragoni con "ayu" sono improponibili. Non certo a favore della platinata popstar yankee. Apprezzamenti a parte, meglio parlare di qualcosina che va oltre e rende giustizia all'arte per eccellenza: la musica. E tutto il suo potere. *Power of Music,* naturalmente. Il potere di ammaliare il prossimo con un vero concentrato di musica, teatro, danza e poesia. Il potere di stupire, affascinare e lasciare spazio all'immaginazione. Il potere di scoprire spazi nuovi e far scivolare gli appassionati in dimensioni parallele praticamente sconosciute a noi occidentali. Già, sconosciute oppure intenzionalmente ignorate? Chissà. Del resto è arduo immaginare che esistano realtà musicali così coinvolgenti e particolari se nessuno te le fa notare. Ma non è certo questo il momento di menar il can per l'aia. Meglio concentrarsi su qualcosa di più rilassante per l'anima e il corpo...

KOBIDŌ, IL LIFTING NATURALE DELL'ANIMA...

Kobidō (Ko-Bi-Dō), il massaggio dell'Eterna Giovinezza, un trattamento unico nel suo genere. Una sorta di manipolazione terapeutica evoluzione dell'analogo trattamento adottato dagli antichi samurai giapponesi. La parola dovrebbe significare "Antica Via della Bellezza". Quasi fosse quella per il Saitama Super Arena. Dove chi assiste ai concerti si assicura un naturale massaggio per l'anima. Qui, però, la samurai si chiama ayu, scritto minuscolo. E il suo scopo, proprio come quello del massaggio Kobidō, è elargire benessere, vigore, armonia e quiete aiutando a mantenere inalterata nel tempo l'energia e la bellezza interiore di chi assiste. Non a caso, alla fine del massaggio un inconsueto senso di "relax" pervade il corpo e uno straordinario "effetto lifting" appare sul volto dei presenti al "trattamento". A dirla tutta, quella del Kobidō sembra sia un'arte nata intorno al 1472 quando, almeno secondo la "storia narrata sul web", l'imperatore Go-Tsuchimikado-Tennō reclamò una terapia contro l'invecchiamento capace di mantenere ed esaltare la bellezza lasciandola immutata nel tempo. Cosa di poche pretese, viene da pensare! Probabilmente, penso, era geloso dei Samurai che utilizzavano il massaggio **Anma** (da An-按, premere e Ma-摩, strofinare) rielaborazione e sintesi dell'analogo massaggio cinese **Anmo** di circa 7000 anni fa, utilizzato anticamente come coadiuvante all'incessante attività fisica dei guerrieri del Sol Levante (ma anche della popolazione più comune). E qui interviene la ma amica Ai...

- Ma lo sai che non ho mai sentito parlare di Kobidō prima di oggi?
- Eh? Dici davvero?
- Ho verificato su un bel po' di siti web nipponici specializzati e... nulla! Finché non ho scoperto che si tratta di una parola di derivazione straniera. Già, forse ti stupirà, ma soprattutto nei siti web francesi si

trovano molte citazioni e trattati del termine che, sintetizzandone il significato, vuol dire "massaggio facciale di bellezza" usato come terapia anti invecchiamento! A questo punto suppongo che si tratti dello stesso trattamento che in Giappone chiamiamo massaggio facciale! E non ho idea se abbia un nome particolare come Kobidō!

- Ah, bene, - ribatto io...

- Quanto all'Imperatore Go-Tsuchimikado-Tennō, nato nel 1442 e morto nel 1500, da quello che mi ricordo, durante quel periodo, la sua non era considerata come l'unica famiglia reale, a differenza degli Imperatori venuti dopo l'era Meiji. Credo che il casato dell'Imperatore fosse reputato solo come un ricco e potente nucleo aristocratico che spadroneggiava sul territorio. Anche se non ne sono sicura al cento per cento.

- E due - continuo -. - Ne hai ancora?

- Be' per quello che riguarda il massaggio "Anma", sicuramente deriva dall'analoga arte cinese e la parola, in giapponese, è composta dal kanji che significa appunto "massaggio con le mani". Oggi come oggi però, è raro trovare specialisti che pratichino il massaggio "Anma". Credo proprio che l'Anma sia stato sostituito o integrato nelle terapie dei centri di riflessologia, massaggio cinese, agopuntura e via dicendo. A dirti la verità, nel Giappone moderno la parola Anma ricorda un tipo di massaggio che, nell'antichità, era praticato come lavoro dalle persone che avevano seri problemi di vista, spesso affetti da cecità permanente.

- Okay, però non cambia nulla, che si tratti di Anma o Kobidō, poco importa. Il risultato è similare. Gli addetti ai lavori parlano di un insieme di tecniche ed esercizi di percussione e digitopressione concepiti per migliorare lo stato di viso, collo e testa. Un trattamento utile per minimizzare il processo d'invecchiamento, equilibrare l'energia vitale, avere un viso curato e un inconsueto senso di "relax"! No? E chissà, forse dovrei correre a comprare un testo di storia giapponese antica in libreria per capirne qualcosina di più!

L'ayubidō come lo definisco io - parafrasando il termine per scherzare - è ancora meglio: aiuta a ricreare l'equilibrio, migliora la salute, aumenta la longevità e previene l'insorgenza delle malattie prima che si manifestino. "Hamasakite" a parte, chiaramente, patologia dagli effetti trascurabili di cui parlerò più avanti. Non prima di aver memorizzato e ricordato i tratti del viso di ayu. La dimostrazione vivente che la bellezza è il riflesso di uno stabile "equilibrio" tra corpo e mente, quello che la tradizione Giapponese sostiene sin dall'antichità. Poco diverso dalla *mens sana in corpore sano* del buon Giovenale. Nell'intenzione del poeta latino, sanità dell'anima e salute del corpo dovrebbero essere le uniche aspirazioni degli esseri umani. Probabilmente le stesse cose inconsapevolmente ricercate dagli spettatori del Saitama Super Arena...

CAPITOLO 11

POWER OF MUSIC,
UN MASSAGGIO RIVITALIZZANTE

Un concerto può essere simile a un massaggio tonificante. L'etimologia del nome lascia poco spazio agli equivoci. Massaggio deriva dal greco *massein* che vuol dire "impastare" oppure "modellare". Almeno in questo caso, a parer mio, anche amalgamare impressioni e modellare sensazioni per ottenere emozioni ritonificanti. Sia come sia, parliamo della più antica forma di terapia fisica utilizzata nei secoli da ogni civiltà. Chi più, chi meno. Alleviare dolori, sciogliere la muscolatura, scacciare la fatica. Una missione possibile. Soprattutto con un po' di fortuna, con il terapista e il massaggio giusto: l'ayubidō appunto. L'importante è che, sin dall'inizio, tutto sia eseguito con leggerezza, con rapide sequenze di movimenti musicali, sapienti percussioni, misurate carezze, tocchi impalpabili, sfioramenti e toccate ritmiche. **Power of Music,** il concerto, comincia proprio così e con **forgiveness,** canzone scritta anche lei minuscola. Un brano che avvia il concerto-massaggio, quasi fosse un'antico rimedio medico giapponese custodito in curiose sfere luminose, fulmini globulari intrappolati e portati in rassegna al pubblico presente dai ballerini del team ayu. (*) E la musica va. Movimenti ordinati, manipolazione sonora, manovre in cui le dita prendono confidenza con l'anima e continuano la loro opera di digitopressione con il brano successivo

progress. Inizialmente ayu si muove come una ballerina sul suo carillon del diciannovesimo secolo. Identica grazia e accortezza. Movimenti quasi mimati fino al primo break-interludio per la presentazione della band. A questo punto il sistema nervoso sembra più che stimolato, la circolazione sanguigna e il flusso linfatico migliorano, i muscoli si rafforzano rassodandosi nel tempo necessario per arrivare a **"M"**, pronuncia **Ma-ri-à**, colpo grosso, look superbo, rosso lustrino, **paillettes** bordeaux di prima qualità tempestate di triangoli metallici equilateri, isosceli e scaleni luccicanti di ogni dimensione cuciti su un analogo tessuto fatto di superbe proprietà riflettenti. Lustrini luminosi e brillanti come gli anni '70 in cui esplosero questi gingilli insieme alla cultura degli *strass* e del glam-rock che a quei tempi andava alla grande. Roba da bigiotteria da quattro soldi direbbero certi "maghi" della moda, roba da "ayubidō", sostengo io.

Insomma, Georges Frédéric Strass ha sempre stimolato show e spettacoli di ogni ordine e grado. E, volenti o nolenti, gli strass-paillettes geometrici e pure asimmetrici funzionano. Difficile che certe cose possano volare via inosservate, anche perchè **Ma-ri-à** ha la spalla scoperta glamour stile antica Roma, una specie di madonna in rosso, ovviamente quella derivata dal latino *mea domina*, ovvero *mia signora*, o anche *mia padrona* a voler utilizzare il termine in linea col significato medioevale che serviva a indicare la moglie di un *Signore*, di una persona di rango, di un *Messere* o *Messer* che dir si voglia. E quella stessa spalla in rosso, di lì a seguire è subito pronta per l'ennesima stimolazione con percussione andante denominata **decision.**

Siamo ad appena quattro canzoni, quattro minuscoli sfioramenti dell'epidermide in superficie, 39 minuti scarsi passati sino al momento in cui attacca il clarinetto, preludio al tris di brani da manuale, la medley composta da **walking proud, part of Me, beloved.** E qui casca l'asino (uno come me, per intenderci), qui esplode una bambolina bionda aggraziata in stile cosplayer apparentemente uscita dalla corte del nuovo re Sole della Musica.

Il bello è che non siamo a metà '600, nè tantomeno agli inizi del '700. L'anno è il 2011, ripreso nell'esatto momento in cui **armonia, melodia e ritmo** si sovrappongono come in un'eclissi solare determinando il perfetto stato celestiale, quello a cui devo la mia folgorazione musicale nipponica, l'entrata in una dimensione parallela da cui non sono ancora uscito. Una dimensione in cui le tecniche di "massaggio" operano anche sulla muscolatura profonda, quella dell'anima. Pizzicotti che stuzzicano lo spirito e ti entrano nella psiche. Non si tratta più di digitopressione, ma di soul-pressione, ascesi e dilatazione del cuore in modo **Brillante,** lo stesso titolo della canzone che appare al 54° minuto. Un brano che non è un motivetto, ma una mini opera introdotta a colpi di gong sospeso, taiko, koto e shamisen. Ti aspetti che da un momento all'altro stia per entrare lo shōgun e invece entra lei, la piccola fiammiferaia giapponese con l'ennesimo vestitino rosso in organza leggermente madreperlato con tulle pronte a schizzare fuori al primo ammiccamento del pubblico. Uno shōgun particolare, non c'è che dire. Più che un comandante dell'esercito, molto più di un dittatore militare simile a quelli che governarono il Giappone tra il 1192 ed il 1868, perché qui c'è la grazia in persona. Anche se, forse, non fatta di organza ma di mikado, il raso giapponese corposo e consistente. Come non dirlo? Le linee fluide di ayu trovano comunque la loro massima esaltazione donando agli spettatori una sensazione di estrema leggerezza. A dimostrarlo ci sono le ballerine che saltano fuori pochi secondi dopo, esattamente a un ora e due minuti dall'inizio, per duettare con il clown innamorato protagonista dell'ennesimo break. Piove, metaforicamente guardando e lui le porge l'ombrello. Violini, viole e violoncelli riempiono la scena sonora e saturano, farciscono lo spazio acustico come raramente accade in altri concerti pop. È il momento degli archi. Strumenti e movenze che richiedono una grande abilità perché con il solo movimento delle dita e la relativa manipolazione dell'archetto, ops, delle mani, si esegue un'altra buona parte del trattamento "ayubidico".

Finisce il break, ritorna il carillon e si manifesta **Days** (stavolta maiuscolo). A questo punto pensi spontaneamente: io ci sono, tu ci sei, il pubblico pure, lei anche. Siamo tutti quanti qui. E ci spariamo questi "giorni" (*Days* appunto) che migliorano la nostra circolazione sanguigna. Un bel suonare, nulla da obiettare. Un bel modo per favorire l'eliminazione delle tossine lasciando in ballo (e su questo palco sì, che c'è da ballare) le due canzoni che vengono dopo, apparentemente fuori dal percorso intrapreso finora. **ANother song** in duetto con URATA NAOYA e **Why,** insieme a JUNO. Ci ritroviamo improvvisamente nella periferia di Los Angeles, felpa, cappuccio e ritmi hip hop, Kelly Rowland e Rihanna sembra stiano per entrare ed Eminem aleggia nell'aria, ma sono solo due fantasmi, non appaiono e lasciano il campo ai due artisti del Sol Levante che, al posto del look hip-hop, sfoggiano bianchissimi abiti ricamati a strass. Urata aiuta a rigenerare i tessuti con un'esibizione più che americaneggiante. E Juno, sempre insieme ad ayu, stimola la produzione di collagene ed elastina. Cos'è il collagene? E l'elastina dove l'hai presa? Be', il primo è la proteina strutturale del tessuto connettivo, principale elemento fibroso di pelle, tendini, cartilagini, ossa, membrane e altro ancora. E la seconda è un'altra proteina fibrosa responsabile delle caratteristiche elastiche di organi e tessuti. La stessa che permette ai tessuti dell'organismo di tornare nella loro forma originale dopo essere stati stirati o contratti. Insieme rappresentano due costituenti fondamentali della pelle. Insieme sono responsabili, tra le altre cose, del suo benessere. E se ayu le stimola entrambe con i suoi "massaggi" musicali, le cose non possono che andare bene. Forse ancora meglio di quando parte l'assolo di sax fatto quasi apposta per accelerare il ricambio cellulare. Assolo di sax e tastiera merenguita messicana. Più che sound mariachi, qui siamo quasi arrivati a Guadalajara, con un tocco di merengue sincopato, arrangiamento ideale per la medley **vogue ~ Far away ~ SEASONS**. Sembra che stia per arrivare la nebbia, ma è proprio qui che si comincia a vedere un altro tipo di luce che schizza fuori dallo spartito del sax tenore. C'è bisogno di "impatto sonoro", espediente necessario stampato nella mente di tutti i presenti. Sax tenore, sax alto, tromba e trombone lasciano, successivamente, spazio al flauto traverso. E anche a un altro assolo di sax grazie a cui la forza della band diventa dirompente. Nessuno è più defilato. I fiati diventano respiri, sospiri, aliti vitali della melodia e del ritmo. Amen. Tutti in piedi, perché la gonna lunga stile gitano Gypsy flamenco di ayu s'accorcia improvvisamente diventando una super mini fatta tutta di balze e volant d'organza. L'ennesimo modo per continuare ad attenuare rughe e crolli della trazione cellulare? Forse si. Nel frattempo gli acrobatic performer accorsi sul palco scatenano una finta rissa coi clown di turno. Ma è indispensabile andare ancora oltre e arrivare a **Bold & Delicious.** Dopo un'ora e 52 minuti di concerto, ayu diventa "musical puro" grazie alla canzone originariamente scritta da Roberto "Geo" Rosan per gli Sweetbox, gruppo pop di Los Angeles. Un gruppo americano formatosi però in Germania (pensa un po'). Pochi secondi dopo questo massaggio meraviglioso, viso e collo si liberano dalla tensione muscolare. Non l'avrei mai detto. Dovremmo essere quasi all'epilogo, i segni dello stress sono semi svaniti. **Mirrorcle World** è una marcetta trionfale in crescendo ed **evolution** scatena il pubblico coi suoi "Oh Yeah" vocalizzati secondo l'unisono giapponese e jpoppese. Sono trascorse due ore e 5 minuti e ayu diventa "vocetta" pura con coretti di pubblico mentre lei incita tutti coi suoi: "Isshoni, Isshoni" che il mio udito decodifica "Iscionì, iscionì" con l'accento sulla "i". Ma cosa vorrà mai dire? "Tutti insieme", desumo. Anche perché la pelle è ormai luminosa, tonica e levigata proprio come quella di tutti i ragazzi e le ragazze del mondo. Ovvero **Boys & Girls**, no? "Iscionì, iscionì", io canto e voi siete qui. "Tutti insieme", perché in questa fase l'ayubidō riesce anche ad alleviare, se non a far scomparire emicranie di qualsiasi tipo meglio ancora dell'ibuprofene. Mente sgombra, giusto in tempo per **Born To Be,** pezzo che potrebbe appartenere, a scelta, a Beatles, Oasis oppure Electric Light Orchestra. Non ci sarebbe proprio nulla di strano. Siamo al tempo sul giro: due ore e 25 minuti di sintesi live su disco digitale. Gran Finale in arrivo subito dopo la pausa prima del bis (quello che nel mondo anglosassone e nipponico si chiama *encore*). La proiezione sui videowall del Saitama Super Arena in attesa del bis è significativa. *"We send you our love through this present. Under the same sky"*. Migliaia di foto digitali inviate ad ayu dai fan di tutto il mondo. La posa? Solo il palmo della mano rivolto verso il cielo e all'orizzonte le meraviglie della natura e i simboli architettonici delle località geografiche di provenienza, dalla Tour Eiffel ai grattacieli del downtown di Los Angeles. Da Westminster ad Ayers Rock.

Commozione e silenzio, un modo per capire il messaggio e attenuare il dolore, come **A Song is born** ci spiega: il brano è stato scritto da ayu insieme a Keiko Komuro dei Globe per raccogliere fondi in soccorso delle vittime dell'attentato al World Trade Center dell'11 settembre 2001. ayu è ancora sul palco e, come di consueto, nella parte finale torna ad essere l'ideale ragazza della porta accanto, quella carina e simpatica e non certo rockstar tradizionale, quella in semplici shorts e t-shirt bianca targata "hope", speranza. Risultato: commozione, tanta. E poi singhiozzi e lacrime per tutti. Lei inclusa. Grazie, ayu. Grazie perché, non possiamo dimenticarlo, la canzone, come anche tutto il tour live *Power of Music* è lì a ricordarci le vittime del terremoto di Sendai, del Tōhoku e il disastro della centrale nucleare di **Fukushima**. Siamo nel 2011, difficile da scordare il sisma/tsunami dell'11 marzo responsabile, tra morti e dispersi, di oltre 18.000 vittime. ***Pray for Japan*** è la scritta che troneggia sul videowall del Saitama Super Arena. **Thank you**, ayu, dai 25.000 presenti questa sera. Grazie di cuore, come il brano di ringraziamento finale, **Thank U.** Grazie perché, come direbbe Gianni Morandi: *"io mi riposo dentro i tuoi occhi. Io coi tuoi occhi, vedo di più. Grazie perché, anche lontano, tendo la mano e trovo la tua. Grazie perché, vivere ancora, non fa paura, solo con te".*

PS: I titoli dei brani di ayumi hamasaki sono sempre tutti in lingua inglese. Negli album e nei Cd come nelle esibizioni live. Una scelta molto comune nel Jpop, ayu non è l'unica, ma lei lo fa integralmente, al 100%. Scelta condivisibile. Non solo per ragioni di marketing e promozione, si tratta di un ottimo modo per farsi comprendere meglio. Comunicare tutti con una lingua diffusa, planetaria ed efficace come la musica stessa, il linguaggio universale per eccellenza! Thank U.

PS2: Un vero pieno orchestrale, ma anche elettrico. I brani del tour *Power of Music* sono stati tutti riarrangiati per essere eseguiti insieme all'orchestra. Non a caso la resa acustica è impressionante e difficilmente riscontrabile in analoghe performance live. L'intera tournée, ideata e realizzata in omaggio alle vittime del terremoto dell'11 marzo 2011, ha visto ayumi hamasaki impegnata in 26 date in 10 città per un totale di 280.000 spettatori intervenuti all'evento. Al Gran Finale del Saitama Super Arena hanno partecipato 25.000 fan.

Curiosità: come in molti concerti giapponesi, la pioggia finale di palloncini colorati a forma di cuore e stella è assicurata. Almeno quanto i coriandoli glitter (quanto costerebbero in occidente?) sparati a pressione a fine esibizione.

(*) Il Team Ayu è costituito dai ballerini e i performer che, da anni, seguono ayumi hamasaki nei suoi tour live. Una squadra ormai consolidata e molto preparata che appare spesso anche nei suoi video musicali.

CAPITOLO 12

SEMPRE LA SOLITA STORIA
DA QUASI 50 ANNI...

Devi lasciar passare qualche giorno dopo esserti misurato con una performance live come quelle di cui è capace ayumi hamasaki. Riascolti qualcosina di più occidentale e poi magari ci mediti sopra. *Certe strutture musicali fatte di elettropop si somigliano un po' tutte,* ti viene da pensare. Ma questo è vero solo in parte. ayu va ben oltre. Anche se poi questo è un refrain, un tormentone, un "deja-listen" che sento da quando avevo 12 anni. - *I cantanti di oggi non hanno voce,* sosteneva mio zio commentando le puntate di Sanremo a fine anni '60 e inizio '70.

- *Senti il grande Claudio Villa,* ammiccava rivolto a me. *Ascoltalo bene e poi paragonalo ai tuoi amichetti dei gruppi beat!*

Poco da dire. La verità è che Villa era quasi un cantante lirico, una sorta di semi Caruso prestato alla musica leggera di quei tempi. Un po' come se, anni più tardi, avessimo dovuto confrontare la voce di Sting con quella del rimpianto Pavarotti. Il problema vero era un altro, si chiamava sound, genere, sonorità e anche cambiamento dei tempi, il lento scemare della melodia italiana e l'avvento del sound di derivazione angloamericana. Già allora, dunque, questo tormentone del *si somigliano tutte* tornava a galla a intervalli regolari. Proprio come, di tanto in tanto, riaffiora oggi. Il motivo vero, però, non è la grave afasia di idee del mondo musicale. Musicisti, autori e, non certo ultimi, anche i deejay produttori tendono a utilizzare impianti sonori similari semplicemente perché piacciono alla gente. Quando un certo tipo di sonorità piace, quando un determinato ritmo, una certa armonia e la relativa melodia vanno, la tendenza alla clonazione è per certi versi normale. Non si tratta di una grossa novità. La cosidette "variazioni sul tema" sono l'asse portante di ogni tipo di musica, dalla classica al rock. Costante a cui oggi si sono sommate esigenze di marketing, promozione e quella oscura minaccia, secondo alcuni, chiamata mercato. Quello che la gente vuole, il mercato cerca di proporre e riproporre. E non c'è nulla da recriminare. Nessuno osa? Nessuno rischia? Non si tratta di questo. Ma di una verità evidente: se un certo tipo di alchimia sonora coinvolge, vende, diverte e appassiona, diventa un cavallo di battaglia da cavalcare fino all'ultimo respiro. E rappresenta anche un vantaggio per autori e discografici che trovano indizi concreti da seguire lungo il tracciato del loro lavoro. Discorso discutibile, vero. Ma quando a questo fattore aggiungiamo i gusti degli appassionati, i giochi sono fatti. La mia amica Ai sembra non esserne molto convinta...

- Dici davvero? - Osa aprire il discorso.
- Non sarà che non ci sono più geni musicali, i grandi artisti come negli anni '60 e '70?
- Non direi proprio, - chiudo io.
- E ti faccio un piccolo esempio personale: a fine anni '70 e inizio '80 ero un giovane adolescente con un grande artista in mente: Neil Young, uno che come uomo e musicista non si discute. A un certo punto della sua carriera gli prese il sacro fuoco della sperimentazione e cominciò a realizzare album che andavano davvero fuori dal seminato. Titoli come *Re-ac-tor, Trans* oppure *Everybody's Rockin'* ne sono un esempio lampante...
- Be' lui era nel giusto. - Ribatte Ai. E poi - continua -, probabilmente s'era stufato del consueto e voleva sperimentare qualcosa di nuovo.
- E invece no - ribadisco. - Io rimasi sconcertato. Nei primi due album c'erano solo canzoni piene di effetti bizzarri, balbettii, rumori strani, distorsioni aggressive, un miscuglio di Devo e Kraftwerk con uso massiccio di sintetizzatori e vocoder che rendevano Neil una sorta di cyborg privo di emozioni. *Everybody's Rockin'*, addirittura era puro rockabilly anni '50. A dirtela tutta rimasi davvero spiazzato per questo stile così diverso da quello abituale.
- E perché, cosa c'era di male?
- Tutto! Amavo e volevo il Neil Young di *Harvest* e *Zuma*, l'eroe di *Comes a Time* e *Rust Never Sleeps* e non certo il "nuovo" artista. Che cosa me ne facevo di quei brani così poco coinvolgenti? Anni dopo, addirittura, da giornalista cominciai a esaltare quel periodo

(definito geniale) del vecchio Neil Young! Ma geniale *de che?* Della genialità ce ne facciamo poco quando abbiamo in mente un tipo di sound, per quanto sterotipato sia e poi ce ne viene proposto un altro senza il minimo di preavviso.

- Uhm, discutibile, - risponde Ai. E poi, continua - Qualche anno fa una cosa simile è accaduta anche a me con Bruce Springsteen, sebbene in maniera più moderata. Però non sono arrivata alle tue conclusioni.

- Non so, - ribatto. - Credo che del nuovo, dello sperimentale, dell'artistico a tutti i costi, in certi casi non ce ne facciamo nulla. Se voglio una birra oppure del buon vino, mi aspetto che dentro, oltre al tannino ci sia anche una buone dose di alcool. Del vino novello come della birra analcolica al vago sapore di limone non me ne faccio nulla. - Ma dai! - Si lamenta lei...

- Be' quando compro qualcosa devo sapere o almeno immaginare cosa c'è dentro. Altrimenti non va bene...

- Sei il solito radicale...

- In qualsiasi modo la pensi, a mio parere questo è il grande mistero della presunta afasia di idee dei musicisti di tutto il mondo. Non c'è nessuna crisi della creatività, nessun fattore che limita la nascita di nuovi geniali compositori. C'è solo quello che piace e quello che non piace. Quello che piace VENDE. Quello che non piace... NON VEN-DE. Ai miei tempi lo chiamavano anche underground, che significa non piace a tutti, lo conoscono in pochi e vende poco. Prosit.

A scanso di equivoci i Velvet Underground, Lou Reed, John Cale e pure Nico per intenderci, vendevano, eccome se vendevano. Nonostante il nome Underground. Ma il caso, anzi, il capitolo è chiuso. Domani è un altro giorno. Ai andrà a spasso per il centro di Roma e io continuerò con le mie visioni musicali meditabonde...

YUMI NON È AYU, MA POCO IMPORTA.
NOMI CORTI, STORIE DIVERSE...

Prendete un torero, anzi, una "torera" e poi piazzatela a Trinità dei Monti, a Roma, insieme alle magiche alchimie della più blasonata cantante giapponese, un sorta di Mina dagli occhi a mandorla. La voce non è la stessa, d'accordo, ma il carisma è probabilmente identico. Anni d'anzianità, dischi venduti, professionalità e simpatia. Cantautrice, autrice, paroliera e soprattutto pianista, Yumi Matsutōya è uno dei tradizionali miti della musica pop giapponese. Più di quarantadue milioni di copie vendute. Ventuno dischi classificati al primo posto nella classifica Oricon (la hit nipponica settimanale nata nel 1967 e basata sulle copie certificate ufficiali), almeno un album per diciotto anni di fila nella stessa classifica. *Yuming,* come la chiamano i suoi connazionali vanta una carriera impressionante. Comincia nel 1972 con il suo nome di battesimo: **Yumi Arai**, poi sposa un suo collaboratore musicale, Masataka Matsutōya, cambia pseudonimo e continua fino ad oggi. A quattordici anni già lavora come musicista. A diciassette arriva la sua prima canzone originale, *Ai wa Totsuzen ni,* cantata poi da Katsumi Kahashi, ex chitarrista del noto (per chi lo conosce) gruppo musicale degli anni '60 The Tigers. Nel 1972 entra all'università d'arte di Tama, vicino Tokyo. Lei vuole diventare una compositrice. Ma il fondatore della sua prima casa discografica, Kunihiko Murai, la sprona a lavorare come cantautrice. Alla fine farà entrambe le attività. E di più. Il 5 luglio 1972 debutta con il brano *Henji wa Iranai* e vende solo 300 copie. Quattro anni dopo però, Arai domina le classifiche giapponesi. Nel 1976, tre dei suoi album dimorano stabilmente entro i primi dieci posti. Un primato ancora oggi ineguagliato. La sua dote principale? Essere una dadaista musicale, una specie di pioniera della perfetta fusione tra musica occidentale e pop giapponese. Tante delle sue canzoni risentono delle sonorità folk statunitensi, Joni Mitchell e Carole King in testa. Anche se il suo vero amore sono sempre stati i Procol Harum: lo senti subito, appena hai a che fare con i suoi dischi più o meno recenti. Tradizione giapponese customizzata ai massimi livelli. Come a dire *Haru Yo Koi*, che non è un manga giapponese ma un singolo da due milioni di copie del 1994 e *Whiter Shade of Pale* scecherati insieme. Che non vuol dire nulla, ma sintetizza la sua essenza musicale. A Londra, nel 2012, Yumi registra una chicca preziosissima per tutti gli appassionati, una nuova versione del classico del 1967 *A Whiter Shade of Pale* dei Procol Harum, cantato in duetto proprio con Gary Brooker. Tre versetti più un lungo assolo di chitarra di Geoff Whitehorn. Performance ripetuta in seguito durante una serie di concerti natalizi nelle principali città giapponesi, con tanto di show per la televisione. Del resto, i Procol Harum sono sempre stati la grande fonte di ispirazione del lavoro di Yumi. Dietro ai brani più convolgenti della sua produzione senti affiorare l'organo Hammond collegato all'amplificatore Leslie tipico del sound dei primi Procol. Non è la stessa cosa, ma le sensazioni che ne derivano sono similari. *A Salty Dog, Homburg, Grand Hotel* rivivono in brani come *Ai to Tōi hī no Mirai e* (愛と遠い日の未来へ) o *Kageriyuku Heya* (翳りゆく部屋), solo per fare due veloci esempi. Nota curiosa: da studentessa, Yumi frequentava un ristorante italiano aperto nel 1960 e chiamato Chianti, vero crocevia di celebrità come Akira Kurosawa, Yukio Mishima, Kōbō Abe, Seiji Ozawa, Ryū Murakami, Tarō Okamoto, Kishin Shinoyama e Hiroshi "Monsieur" Kamayatsu (suo primo produttore). Il nostro Paese, "Itaria, Itaria", come lo pronunciano molti giapponesi è radicato nella cultura dell'isola nipponica molto più di quanto immaginiamo e, di riffa o di raffa, riemerge sempre quando meno te lo aspetti. Come piazza di Spagna.

Chissà se Ai, oggi, sta passando proprio da quelle parti...

TORI (E TORII)
A PIAZZA DI SPAGNA...

Trinità dei Monti, una delle cinque chiese cattoliche francofone di Roma, è forse una delle meraviglie della Capitale più celebri tra turisti, registi, pellegrini, abitanti e... amanti di tutto il mondo. I selfie, oggi come oggi, si sprecano. Troneggia nel rione Campo Marzio, dominando l'Obelisco Sallustiano prima e la celebre scalinata di piazza di Spagna dopo: ben 135 gradini inaugurati da Papa Benedetto XIII per il Giubileo del 1725. Quando guardi lo skyline dall'inizio di via Condotti, all'altezza di via del Corso, o pochi passi più su, il colpo d'occhio è davvero inimitabile. Ma lo è ancora di più se un toro, anzi, una torera ci si esibisce davanti. Provate a immaginarlo: al 38° minuto dell'esibizione live del *Road Show Concert Tour 2011*, immortalata in alta definizione appare proprio lei. - Lei chi? -, direte voi. - Yumi Matsutōya? No, lei... Trinità dei Monti! - *Attraverso la pioggia, la luce del sole riscalda il mio cuore*, direbbe a proposito Yumi, una torera a Roma. E che torera. D'altro canto, dalle sue parti i torii, quelli con due "i", sono abbastanza comuni. A Roma un po' meno. Anche se, pensandoci bene, l'obelisco davanti Trinità dei Monti rappresenta quasi una porta di accesso alla Chiesa. E da lì al Regno dei Cieli il passo è breve. Il torii ha la stessa funzione, non è altro che il tradizionale portale d'accesso giapponese al Jinja (il santuario shintoista) o comunque a una zona sacra. Due colonne di supporto verticali e un palo orizzontale sulla cima dipinto sovente di colore rosso tramonto. Di pietra o legno, d'acciaio o cemento armato, i torii non mancano mai davanti a templi e luoghi di culto. A Roma invece, non ci sono torii, nè tantomeno tori, ma torere Jpop! Ebbene sì, lo documentano le riprese del *Concert Tour 2011*. Zac! E al ritmo del brano la scenografia subito dietro la band è proprio quella, Trinità dei Monti e, davanti, un mito della canzone giapponese vestito da torero con tanto di enorme rosa rossa sul petto che delizia il pubblico. Trenta minuti tutti così. Roba da non credere. E da non sapere se non hai visto il concerto. Magari anche solo registrato su Blu-ray.

LEGGENDE MUSICALI,
QUEI NUMERI UNO CHIAMATI B'Z!

Spesso vado al lavoro in auto. E quando i radiogiornali cominciano a menarla sull'enorme debito pubblico italiano inizio a sbuffare. In genere, appena capita, passo immediatamente al lettore Cd per ascoltare una delle mie tante playlist, quelle occidentali denominate Golden Hits, oppure quelle orientali Made in Japan. Il motivo? Annichilire la memoria. In caso contrario tornano a balenarmi nella mente articoli e disquisizioni economiche come quella scritta da Alberto Quadrio Curzio, professore Emerito di Economia politica all'Università Cattolica di Milano, pubblicata sul sito del Sole 24 ore nella sezione curata da Vito Lops. (*) - "Il Giappone ha il 236% del debito/Pil e un deficit/Pil al 10%. Numeri che farebbero impallidire Angela Merkel, i trattati di Maastricht, Lisbona e compagnia bella. E cosa fa il premier Shinzo Abe? Annuncia un piano di espansione della spesa pubblica con un primo intervento da 85 miliardi di euro. Insomma, del mantra europeo dell'austerity dalle parti di Tokyo non c'è neanche l'ombra". "Ma come mai il Giappone, che resta comunque la terza economia del pianeta può esibire un tasso di disoccupazione del 4,5% contro l'11% europeo? E com'è possibile far crescere la spesa pubblica convivendo con parametri di indebitamento simili a quelli della Grecia?". "E come riesce il plurindebitato Giappone - continua sempre il prof. Curzio - a finanziare il debito pubblico americano (facendo carry trade, ovvero pagando interessi inferiori all'1% su titoli a 10 anni ai detentori nipponici e ricevendo quasi il 2% dal Tesoro USA) e anche il debito europeo?". In quest'ultimo caso l'articolo rammenta anche come il Giappone si sia detto pronto ad acquistare titoli eventualmente emessi dal Fondo salva-Stati ESM. Insomma alla faccia dell'austerity europea! Tokyo se ne infischia proprio. E come fanno 'sti giapponesi? Semplice, loro se la cantano, penso ironicamente. E fanno bene! Perché cantano, suonano e ballano come pochi altri. Anche se da noi in pochi lo sanno. Prendi Tak (Takahiro) Matsumoto e Kōshi Inaba. Loro suonano da Dio e cantano da manuale. I B'z, pronunciato Biz, è la band nipponica Numero Uno di tutti i tempi. Nessun altro ha venduto più di loro. Nessun altro entusiasma il pubblico come loro. È l'unico gruppo asiatico che ha impresso le impronte delle mani nella mitica Hollywood's Rock Walk nel novembre 2007 sotto invito e raccomandazione di Steve Vai. Tak Matsumoto e Kōshi Inaba hanno venduto oltre 82 milioni di copie tra album, raccolte e singoli. Copie certificate, quelle stilate dai giapponesi ovviamente. Senza dimenticare le altre. Non a caso si ritiene che per ogni copia venduta ufficialmente ce ne sia in circolazione almeno un'altra, legale e lecita - se non addirittura due - replicata, masterizzata o registrata per uso personale (automobile, lettore mp3, copia per la fidanzata). Una cosa che vale per gli artisti di tutto il mondo. Quindi, a essere pessimisti, stiamo parlando di almeno 160 milioni di copie B'z che circolano nell'Asia intera con qualche piccola diversione in America ed Europa. Steve Vai li ha proposti a Hollywood, ma Steven Tyler, c'è da scommetterci, è il loro mentore originale. Basti pensare al sound degli Aerosmith, alle loro sonorità e poi andare nel dizionario immaginario del Jrock alla parola B'z. Mi piacerebbe sapere cosa ne pensa la mia amica Ai, ma credo sia ancora dispersa nel suo giro turistico per le vie di Roma.

(*) *Perché con un rapporto debito/Pil al 236% il Giappone spende e spande mentre l'Italia va giù a colpi di austerity?*
di Vito Lops - articolo di Alberto Quadrio Curzio
15 gennaio 2013 (www.ilsole24ore.com)

CAPITOLO 16

ENERGIA PURA SENZA PAURA, POCHI ACCENNI SU TAK E KŌSHI

C'era una volta, nel 1987, Tak Matsumoto, chitarrista al soldo di artisti nipponici come Mari Hamada e T.M. Revolution. Oltre a essere bravo, "frate rock Tak" voleva una sua band. Nella primavera del 1988, mentre lavora al suo primo album solista intitolato *Thousand Wave,* comicia a fare scouting di possibili candidati. Prova che ti riprova rimane impressionato dalle doti vocali di uno sconosciuto canterino a nome Kōshi Inaba. I B'z debuttano il 21 settembre 1988, con la pubblicazione in contemporanea del singolo *Dakara Sono Te Wo Hanashite* e dell'album omonimo *B'z.* Tutto comincia così fino ad arrivare al 21 ottobre 1989 quando i B'z pubblicano il mini-album *BAD COMMUNICATION.* Il brano omonimo, fatto di sonorità hard rock e dance music, grazie all'aiuto delle radio giapponesi sfonda presso il grosso pubblico e il relativo mini-album vende oltre un milione di copie rimanendo nella classifica Oricon per 163 settimane. Nello stesso periodo il primo tour nazionale registra il tutto esaurito per ognuna delle 16 tappe. Da allora i B'z hanno alternato hard rock, blues, rhythm'n'blues, jazz-rock e ballate melodiche senza mai fermarsi. Se non per i magistrali concerti dal vivo contraddistinti sempre dal logo B'z LIVE-GYM, a cui intervengono migliaia di appassionati da ogni parte del Giappone. Album, singoli, esibizioni live, ballate, spettacoli e interviste a non finire, tournée statunitensi e concerti come quello del 26 giugno 2002 ai tempi dei Mondiali di calcio di Giappone e Corea, in cui i B'z condividono il palco del Tokyo Stadium con gli Aerosmith concludendo l'esibizione con una performance della hit *Train Kept A Rollin'.* I B'z sono un'icona da non dimenticare e poco parlare. Quindi da descrivere il meno possibile, altrimenti a cosa servirebbe il B'z Official YouTube Channel? Provare per credere.

Curiosità. 21 e 22 settembre 2013 - Nissan Stadium ovvero International Stadium di Yokohama. Davanti a oltre 80 mila persone il duo nipponico si esibisce nel concerto finale del B'z *LIVE-GYM Pleasure 2013 Endless Summer -XXV Best-*, l'omonima tournée che festeggia i 25 anni del duo Jrock. Alla quattordicesima canzone, dopo 1 ora e 25 minuti di esibizione live entra nello stadio, esaurito in ogni ordine di posto, un bel dirigibile! Già, proprio uno zeppelin marcato B'z. L'aerostato, dopo aver veleggiato sopra le teste degli spettatori per diversi minuti, comincia a sganciare centinaia di piccoli aeroplanini di carta. Non coriandoli o stelle filanti, ma proprio apparecchi di carta di ottima fattura! Del resto il Giappone è la patria degli origami...

CAPITOLO 17

CAFFETTERIE NIPPONICHE, MUSICA E SOGNI TEMATICI...

Stanotte ho fatto un sogno. "I had a dream", però Martin Luther King e Obama c'entrano poco. Il mio è di altra natura. Femminile, ovviamente. Camminavo per la strada e una ragazza con gli occhi a mandorla, bellissima, mi prendeva per mano accompagnadomi in giro per Tokyo, o forse ero a Osaka? Ovviamente indossava un divisa da cameriera in stile vittoriano, forse parigino, decorata con pizzi e tulle. Ma niente volant d'organza come piacciono a me. A coprire tutto c'era l'immancabile grembiule ricamato. Che a parer mio poteva essere serenamente sostituito con qualche accessorio più glamour.

In fondo in fondo lo sapevo che, prima o poi, sarebbe successo. Proprio ieri sera seguivo incuriosito un documentario dedicato al fenomeno delle idol giapponesi. Ovviamente, dopo mezz'ora già sonnecchiavo in preda alla stanchezza, ma i cassetti della memoria devono aver attivato il mio inconscio visionario. Chissà, se la fase onirica fosse continuata per tutta la notte mi sarei ritrovato probabilmente in qualche maid café di Tokyo, magari quello aperto per la prima volta nel quartiere di Akihabara nel maggio 2001. Chissà. Forse sarei stato circondato da cameriere giovani e sexy che mi avrebbero salutato con il loro: *Okaeri-nasaimase, Goshujin-sama!* "Ben rientrato a casa, onorato signore!". Uao. Roba da matti. All'inizio, nonostante fossero stati concepiti per il pubblico degli appassionati di comics e anime, i maid café ottennero un successo incredibile in ogni fascia sociale. E dal Giappone l'eco della loro popolarità si propagò in ogni parte del mondo. Show televisivi, manga e intere linee di prodotti su licenza sconvolsero l'Asia prima e il mondo intero dopo. Incluso me. Almeno nei sogni. Un fenomeno borderline, di confine, a cavallo tra cosplay e sensualità idol. Un fenomeno che però non esisterebbe senza le "maid". Del resto la caratteristica di un maid cafè è la *maid*. Ovvero, dall'inglese, una *female domestic servant*. "Na' cameriera", direbbero a Roma. Cameriera, ma anche donna di casa, accompagnatrice, fanciulla, ragazza, girlfriend, zitella, ancella, vergine e qualche altra definizione ancora. Un fenomeno, lo dicevo prima, a metà strada tra cosplay e idol giapponesi. Una maid è giovane, indossa costumi da cameriera "Maid Fuku", ed è un esempio di cultura "moe-kei". Giovincelle da poco maggiorenni ma dall'aspetto ancora simil-adolescenziale. Ragazze in sintonia con le mode, lo stile di vita e i comportamenti delle loro ex coetanee compagne di scuola. Qualcosa che esalta ed eccita mentalmente gli animi di uomini e anche donne di ogni età. Non a caso "moe" è la parola giapponese derivata dal verbo "moeru" che significa "germogliare". E "kei" identifica in inglese lo stile analogo. Moe-kei otaku, invece, è il nome che viene dato ai tipi eccentrici affascinati dalle giovani maggiorenni. Ma anche agli appassionati delle eroine di manga e anime.

A proposito, otaku significa letteralmente *casa sua* e, in giapponese, identifica giovani e meno giovani super intrippati, mezzi hacker e mezzi no, ossessionati da informatica, web, manga, auto, anime e altre passioni che, spesso, vivono isolati dal mondo esterno. Oppure, nel migliore dei casi, sono assai riluttanti a fare una vita sociale normale. Chissà, magari rimangono ipnotizzati davanti all'esibizione video delle idol di turno. In quel caso è difficile dargli torto. Che sia un otaku anch'io? Dovrei chiederlo ad Ai, prima o poi lo farò. Giuro che lo farò...

A MAN NEEDS A MAID, ERA GIÀ TUTTO SCRITTO?

Tutto nasce prima. La storia si ripete spesso. Il primo maid cafè apre i battenti nel 2001. Il fenomeno delle idol giapponesi, invece, nasce a partire dal 1970. Lo stesso anno in cui Carolyn Snodgress interpreta *Diario di una casalinga inquieta* di Frank Perry. Due anni dopo, nel 1972, il venerato maestro Neil Young pubblica *Harvest,* l'album che gli regala la grande notorietà, vende più di otto milioni di copie in tutto il mondo e *Rolling Stone* lo piazza al 78° posto della sua lista dei 500 migliori album di tutti i tempi. Il "raccolto" del rocker canadese entra nella leggenda grazie a brani come *Harvest, Heart of Gold, The Needle and the Damage Done* e, sottovalutata da tutti, *A Man Needs a Maid.* «La mia vita sta cambiando in molti modi - scrive Neil Young nel brano -, non so più a chi credere, c'è un ombra che corre attraverso i miei giorni come un mendicante che va di porta in porta. Stavo pensando che forse dovrei trovarmi una "cameriera". Trovare un posto in cui stare insieme a lei, insomma qualcuno capace di mantenere la mia casa pulita e cucinarmi dei bei pasti caldi prima che vada via. *A maid. A man needs a maid. A maid*». *Una cameriera. Un uomo ha bisogno di una cameriera, una cameriera.* Apriti cielo, il pezzo viene tacciato di presunto "maschilismo", in realtà non è così. *Maid* vuol dire cameriera, ma anche vergine, ragazza giovane e illibata, magari anche un po' pudica. Insomma tutto e niente. Ma conta poco, perchè si tratta della canzone che anticipa tutto quello che accadrà vent'anni dopo dall'altra parte del mondo. Ed è anche il brano in cui Neil Young racconta di essersi innamorato di Carolyn Snodgress, l'attrice protagonista del film *Diario di una casalinga inquieta,* che recita la parte di una donna di casa frustrata. Una ballata intimista al pianoforte valorizzata dal maestoso intervento orchestrale della London Symphony Orchestra. In quell'album lavorano guest star come Linda Ronstadt, Stephen Stills, Graham Nash, David Crosby e James Taylor. E proprio grazie a quell'album Carrie Carolyn Snodgress diventa la donna di Neil Young a cui rimane sentimentalmente legata dal

1971 al 1974 e a cui dona il primo figlio Zeke Snodgress Young. Potere delle canzoni "maschiliste". E di Caroline «Carrie» Snodgress che oggi, purtroppo, non c'è più. Ciao Caroline. (*)

(*) Caroline «Carrie» Snodgress si è spenta a Los Angeles il 1 aprile 2004 a poco più di 57 anni per una crisi cardiaca. Era in attesa di un trapianto di fegato.

CAPITOLO 19

A MAN NEEDS AN IDOL. MA COSA SONO VERAMENTE?

Una teenager bella, carina e aggraziata. In Giappone si chiama **idol** (アイドル Aidoru). Lei è alla moda e, soprattutto, kawaii. Un fenomeno partito nei primi anni settanta che continua ancor oggi. Ogni anno nascono decine di giovani stelline destinate in seguito a sparire dalla circolazione. Del resto la loro dote principale è la bellezza. Ma non solo e non sempre. Seiko Matsuda, una delle cantanti di lungo corso più famose del Giappone, è stata un'idol tramutatasi in cantante. Il fenomeno, sin dall'inizio, coinvolse anche Hong Kong, Taiwan e Corea del Sud. Le idol (o gli idol, visto che possono essere anche maschietti) sono in ogni media possibile e immaginabile: tv, radio, web, magazines, comics e quotidiani. Onnipresenti e anche oggetto di culto, fanatismo. Fenomeno travolgente quanto apparentemente effimero. Ma pur sempre fenomeno. Le idol condizionano il mercato toccando moda, anime, manga e cosplay-mania. Ma anche musica e cinema. Le idol sono quelle che si esibiscono con l'uniforme tradizionale scolastica giapponese e magari, qualche anno dopo, diventano pure modelle delle riviste per adulti. Le idol possono trasformarsi anche in girl-band musicali, modelle, attrici televisive e cinematografiche. Le idol, ma anche "gli" idol, i ragazzi, naturalmente. Come nel caso di boy band come KinKi Kids, SMAP (idol creati nel 1991), Arashi, NEWS, KATTUN, JUMP e tanti altri. E non finisce qui perché non è possibile parlare di idol senza ricordare anche le ***gravure idol*** (グラビア・アイドル *Gurabia Aidoru*). In questo caso si tratta di modelle che posano in bikini, costumi provocanti e sexy per servizi fotografici riservati al pubblico maschile. Caratteristica principale: seno grande, lingerie e pose ammiccanti. Ma soprattutto sensualità. Poco erotismo e nessuna pornografia. Siamo in Giappone. Puoi immaginare senza vedere. E a pensarci bene è meglio così. Largo alla fantasia. Il termine ***gravure*** deriva da *photogravure*, un processo di stampa a intaglio realizzato con una lastra di rame incisa con la tecnica dell'acquaforte. L'età delle ***gravure idol*** difficilmente supera i 25 anni. Per ovvi motivi non posano mai nude e quasi mai in atteggiamenti espliciti. Anche perché posano da sole. Loro ammiccano e provocano, ma non si esibiscono. Anzi, tengono al sicuro tutta la loro mercanzia. Proprio per questo, molte di loro, con il permesso dei genitori hanno cominciato a posare per servizi fotografici anche in giovane età.

Ma quest'argomento sfruguglia non poco la mia amica Ai...

- Visto che parlavamo di musica, però, devo ricordarti che ci sono molte differenze tra le cantanti Jpop e le idol. Quasi tutte non sanno cantare nè tantomeno suonare e i loro atteggiamenti sono ben diversi da chi fa musica, cinema o teatro.

- E vedi un po', - ribatto.

- Lo dico solo per precisare.

- Le idol, - continua lei -, fanno molti photobook, ma il vero protagonista è il corpo, più o meno coperto che sia. Non certo la mente. I loro video, i filmati su dvd mostrano sempre una vita quotidiana apparente, falsa, ideata ad arte per mostrare la loro esuberanza fisica e la loro presenza stile kawaii con cui si divertono a giocare alle svampite, quelle un po' ingenue ma così carine da attirare l'attenzione del pubblico. In realtà fanno un lavoro per cui vengono pagate e, con questo sistema, hanno un'occasione per tentare di entrare nel mondo dello show business.

- Ho letto che ayumi hamasaki è stata una idol! Dico...

- Si, ma poi si è sganciata diventando un'artista con tutti i crismi. Anche se la sua apparenza, in certe occasioni, è ancora quella di un'idol adolescente!

... e per fortuna, - mi dice una vocina dentro.

QUANDO ARRIVA IL MOMENTO DIAMO TUTTI I NUMERI, MA LE MISURE?

Numeri da capogiro. Il debito pubblico giapponese secondo le statistiche è al 236% del debito/Pil più un deficit/Pil al 10%. Nonostante questo il Giappone è considerato uno dei Paesi più affidabili del mondo. I motivi sono semplici da comprendere: il 90% dei titoli di stato nipponici sono detenuti da investitori nazionali come banche e assicurazioni. Nel 2012 la percentuale di quest'ultime arrivava al 65,3% mentre il 13,2% era in mano alla Banca del Giappone e l'8,6% alle istituzioni pubbliche locali. Le famiglie hanno un alto tasso di risparmi con cui le banche, a loro volta, acquistano titoli di stato. Insomma, i giapponesi se la cantano e se la suonano tra di loro. "Poo Po Po Po Po Poooo Poo", - intonano tutti insieme in stile *Seven Nation Army* il coretto dei mondiali 2006, per intenderci -, "Poo Po Po Po Po Poooo Poo, il 90% del debito pubblico è sulle nostre spalle, sì, sì, sì, proprio su quelle del nostro risparmio privato! E quindi non c'è nessun problema". "Non solo - continuano tutti in coro - siamo uno dei più grandi Paesi creditori del mondo intero. E quindi possiamo cancellare i nostri debiti, volendo, (congiunture economiche permettendo), senza grossi problemi".

In effetti, secondo i dati del 2014 *(fonte: economiafinita.com 2014/01/12/Manuel Castelletti)*, il Giappone è il più grande creditore internazionale con una posizione netta nei confronti dell'estero positiva per 3.010 miliardi di dollari (6.759 miliardi di attività con l'estero contro 3.748 miliardi di dollari di passività). Subito dopo, nella classifica dei creditori mondiali seguono Cina, Germania e Arabia Saudita. Roba da non credere. E tutto questo nonostante l'alto debito pubblico. Qualcosa che fa del Giappone un paese kawaii, cute, tenero, quindi interessante anche dal punto di vista dei numeri finanziari, stratosferici e delle misure economiche davvero a portata di investitore e osservatore finanziario internazionale.

Numeri e "misure" incredibili anche analizzando i costumi sociali, inclusi quelli individuali e - perché no? - pure quelli intimi, interi o a due pezzi, penso io. Analizzando la situazione economica e sociale da vicino, infatti, certi numeri, certe misure incuriosiscono dannatamente. Anzi, fanno venire l'acquolina in bocca. Certe "misure", del resto, non tradiscono mai. ***Perché la vita,*** come ho letto da qualche parte, ***non si misura dal numero dei respiri che fai, ma dai momenti che il respiro te lo tolgono.*** E certe misure sono proprio capaci di togliertelo, il fiato, trasformandotelo in un flebile sospiro: 1 metro e 70 cm di altezza per 90-59-87 cm di petto, vita e fianchi, anno 1987, nome di battesimo Natsuki Ikeda. Oppure, 1 metro e 63 di splendore per 94-61-88 cm di avvenenza, anno 1987, nome Hara Mikie. E ancora: 1 metro e 64 di fascino per 92-56-84 cm di grazia assoluta, anno 1982, in altre parole miss Yōko Kumada. Vi sembra poca roba? Allora continuo con il metro e 75 di eleganza per 92-58-85 cm d'incanto, anno 1992, a nome Someya Yuka. E che dire del metro e 60 di gradevolezza per 90-55-90 cm di squisite proporzioni, anno 1985, targate Yūri Morishita? Senza dimenticare, naturalmente, il metro e 67 di magnificenza per gli 89-56-80 cm di armonia, anno 1982, ostentato da Sugihara Anri. Certo, a pensarci bene la mia attenzione si concentra al meglio sulla piacevole Kuramochi Yuka, anno 1991, 1 metro e 67 cm di altezza per misure quasi da brivido: 84-58-100! Misure da fremito sussultorio soprattutto per quel "100 cm" che sbanca il banco. Il motivo è presto detto. Non si tratta solo di misure. Yuka è la ragazza della porta accanto. La figlia del vicino. L'insegnante giovane di tuo figlio. La neolaureata al primo colloquio. Non è la solita superaccessoriata playmate occidentale, la stragnocca che trovi sulle riviste patinate, in tv, al cinema o nei video derivati. Hugh Hefner e i suoi Centerfold, i paginoni centrali di Playboy con le ragazze dei sogni, sono ad anni luce di distanza. Charlize Theron e Marilyn Monroe appartengono a mondi mai visti. Qua non ci sono luci soffuse, direttori della fotografia e corpi superdotati provenienti da Marte. E nemmeno ritocchi in Photoshop. Ma solo la realtà di ogni giorno. Kuramochi Yuka è fatta così, con le sue sinuose e fluide linee da... contrabbasso. Quando la vedi, capisci che non si tratta di una modella stellare, scolpita nei minimi dettagli, ma di qualcos'altro. Volto simpatico, sveglio, ammiccante ma non certo fuori dai canoni della normalità. Occhi vispi, promettenti e capricciosi. E poi, volendo azzardare, forme cicliche, semigiunoniche nei movimenti. La guardi e pensi: *Yuka, 24 capricci per contrabbasso!* Potresti utilizzare l'archetto, poi pensi di no, meglio pizzicare con sapienza le corde, una dopo l'altra con le dita della mano destra, delicatamente e intensamente allo stesso tempo. Insomma, altro che normale *walking bass,* lo stile jazz in cui le note si susseguono l'una dopo l'altra come i piedi che si alternano camminando. In questo caso avresti voglia di essere Charles Mingus in persona per poter suonare (o suonarla?) alla grande con tutto il genio che lo contraddistingueva. E non potrebbe essere diversamente perchè Yuka è come una curva tortuosa, una parabola sinuosa da affrontare in motocicletta, una che promette sensazioni che quasi non vorresti scoprire, che immagini di osservare in gran segreto, di nascosto e custodire come un tesoro prezioso da gustare, centimetro dopo centimetro, al riparo da sguardi indiscreti. Yuka è come un tornante serpeggiante: è la linea di un fondoschiena sensuale, anticamera di un'onda marina immaginaria dai contorni sinuosi e delicati. Un'onda fatta di gusto e piacere. Yuka è un contrabbasso sinuoso con una gran bella cassa fatta di ottimo pioppo nero toscano, un manico tutto di cipresso e una superba nonché bella tastiera in ebano, quella che resiste più di tutte all'usura delle corde. Anche se è pesante e costosa. Però non importa perché un contrabbasso del genere, sollecitato nel modo giusto, emette un suono di superba qualità ricco di armoniche e potenza adeguata. Insomma, se qualcuno, come uomo (e anche come donna) si è mai chiesto quali sono le forme ideali che un corpo femminile dovrebbe avere, prenda pure nota. Il bello e il perfetto sono parametri soggettivi, non esistono, variano da persona a persona e, come dimostra il nostro caso, anche da latitudine a latitudine.

IDOL PER TUTTI I GUSTI, SNELLE, PAFFUTELLE E FETISH!

Petto, vita e fianchi. Leggendaria triade 90-60-90 cm, tradizionali e ideali misure del corpo femminile perfetto, della donna a clessidra d'altri tempi un po' pin-up, un po' star del girovita anni '50 formato Marilyn, un po' donnina disegnata da Vargas. E anche un po' idol, come abbiamo visto. Qualcuno sostiene che le cose sono cambiate, vero. E con il tempo sono mutate anche le misure. Ma questo vale per l'aspetto scientifico della naturale evoluzione umana. Vale per gli studiosi. Non per l'immaginario collettivo. Le idol sono diverse dallo stereotipo femminile occidentale. Niente alte quote. Poche dolomiti e più colline toscane. Altezza giusta, senza esagerazioni. Lineamenti graziosi e proporzioni minute apparentemente essenziali, ma non troppo. Occhi grandi, teneri, espressivi e scintillanti. Fattezze adolescenziali kawaii in certi casi e decisamente più adulte, sensuali e mature in altri. I numeri impressi sulla quarta di copertina dei dvd delle idol stanno lì a dimostrarlo: si va dal metro e 60 al metro e 75 cm di altezza. Dal minuto ma gradito 80-60-80 all'esuberante 94-53-100. Si tratta di una media, ovviamente. Così come fanno media le categorie in cui vengono suddivise, più o meno impropriamente, le idol. Categorie non ufficiali. Categorie che trovi quando vai a spulciare on line siti web come www.cdjapan.co.jp. Categorie che fanno sorridere. Al punto che, ribaltando le prospettive, verrebbe quasi voglia di applicare le stesse tipologie alle loro colleghe della musica Jpop. Insomma di idol ce n'è per tutti i gusti. Si parte con le big-bust (grande seno o busto che dir si voglia), poi le bold-kei (stile paffutella, carnosa, grassottella), le moe-kei (stile teenager, innocente, giovanile e ingenuotta), le pure-kei (stile pudico e riservato), le cosplay (stile uniform o costume anime, manga, videogame), le kubire (stile girovita ideale), le kubire fetish (stile girovita ideale più mise fetish), le slender (snelle, longilinee e slanciate) fino ad arrivare a classi più tradizionali come le beautiful behind (belle dietro), le legs (gambe perfette), le lingerie (underwear, intimo alla moda) e le semi-nude (demi naked, semispogliate). A queste tipologie si aggiungono le race queen (reginette delle corse, in mostra ai saloni internazionali di auto e moto) e poi... discorso a parte, le chaku-ero e le mucchiri!

- Chaku-chaku vuol dire "carica-carica", - declama improvvisamente la mia amica Ai. - Si tratta di un termine derivato dalle metodologie delle catene di montaggio industriali in cui gli addetti ai lavori spostano una parte da assemblare da una macchina all'altra per la lavorazione successiva. Qualcosa che forse, oggi, è anche obsoleta...
- Nulla a che vedere con le parole chaku-ero, - continua. - Qui entriamo in un campo particolare, gli americani direbbero "wearing clothing erotically!". Non è altro che una forma soft di fetish alla giapponese: servizi fotografici e filmini riservati a donne che indossano abiti o costumi ideati e realizzati apposta per essere sexy e provocanti. Magari lingerie fantasiosa o indumenti femminili da mare molto sgambati.
- Okay, - intervengo, - quindi è un genere analogo al fetish occidentale...
- Dipende dai punti di vista, - continua lei. - La parola chaku-ero è composta dai caratteri kanji "chaku", che può significare indossare (kiru), ma anche "arrivare" (tsuku) più "ero", forma abbreviata inglese del termine erotico. Ma chaku-ero è anche un gioco di parole fonetico perché la pronuncia è simile a chaku-mero, che significa "avvenuta ricezione" intendendo gli avvisi melodici musicali delle suonerie degli smartphone o dei cellulari.
La guardo un po' perplesso, ma lei continua...
- Inoltre, direi che chaku-ero rappresenta anche la riprova del diverso modo giapponese di vivere e fruire la sessualità, anche immaginaria, rispetto a voi occidentali. Le leggi giapponesi sulla divulgazione e la diffusione di riviste e video che includano nudità maschili o femminili sono severissime. E non parlo di materiale pornografico, ma di semplice nudità, artistica o erotica che sia. Foto e video chaku-ero, però, non violano nessuna legge, si tratta solo

di riviste patinate o filmati di belle ragazze immortalate o riprese mentre indossano vestitini sexy, magari un po' discinti, ma senza nessuna nudità esibita al prossimo. Sì, certo, magari le ragazze si pavoneggiano, ostentano tutta la loro prosperità, ammiccano e simulano movimenti provocatoriamente pseudo erotici, ma niente più di quello che in Europa e America si vede nei balletti dei talk show televisivi, nelle pubblicità oppure nei video musicali di MTV! Pensa ai video di Beyoncè, Shakira, Rihanna o Lenny Kravitz. Per non parlare di Nicki Minaj.

- Insomma, - aggiungo, - vedi la bella ragazza, sogni e... vai!

- Vai dove? - Ribatte lei.

- Lascia perdere, se negli anni della mia adolescenza ci fossero stati simili espedienti, simili ausilii audiovisivi avrei placato con maggior efficacia le mie crisi ormonali...

- Oltretutto, - riprende lei facendo finta di non aver sentito, - proprio per questi motivi, riviste e film chaku-ero, come anche altri prodotti gravure idol, possono essere venduti praticamente ovunque: librerie, edicole, negozi, centri commerciali. Non a caso sono vietati solo ai minori di 15 anni. Quasi ridicolo...

- Uhm, pensando a quello che circola da noi in occidente viene quasi da ridere. Ma le mucchiri, invece? - Insisto...

- Mucchiri significa plumb, chubby, voluptuous. Ovvero grassoccia, paffuta, voluttuosa. In altre parole lussuriosa, lasciva, libidinosa, sensuale, erotica, inebriante...

- Ma con qualche chiletto in più! - La stoppo immediatamente.

- Ehm, direi di sì, diciamo che loro sono una sorta di propaggine delle bold-kei, conclude lei.

Del resto, penso in silenzio, già il nome "mucchiri" non lascia spazio a significati molto diversi. Che siano capaci anche di muggire? Ma certooo! Replica una vocetta dentro di me, muu-muuu!

MISURE IMMAGINARIE, TANTO PER SCHERZARE...

Classi, serie, generi, specie, ordini. Certi abbinamenti sono davvero strampalati da fare. Puoi abbinare tutte e nessuna. Qualsiasi cosa e niente. Anche se, a pensarci bene, le **bold-Kei** - paffutelle carnose - e le **mucchiri** - grassottelle voluttuose -, sono più o meno la stessa cosa. Alla faccia di divisioni, tipologie, gradi, parti, gruppi, famiglie eccetera eccetera. E comunque, per queste ultime due categorie non c'è problema. Basta citare le Chubbiness. O, almeno, sono quelle che mi vengono in mente ora, per associazione di idee. Tanto per sorridere un po'...

- Queste non le avevo mai sentite, - confessa Ai.

- Be', non appartengono certo al gota della musica Jpop, però fanno colore. "Chubby" vuol dire paffutta, grassottella. E "chubbiness" indica la caratteristica di avere un corpo paffuto e rotondetto. Una particolarità? O una facoltà? Una dote? O una qualità? Una virtù? O solo una specialità? Una prerogativa? O magari una peculiarità?

- Forse solo la loro natura, - sottolinea Ai. - Magari sono le uniche normali!

- Perché no? In fondo in fondo si tratta di una girl-band perfettamente normale. Anche se tendente al paffutello! Sembra che abbiano cominciato con un casting della casa discografica Avex in collaborazione con il fashion magazine giapponese *CanCam,* una rivista molto in voga tra le studentesse universitarie. Credo che i responsabili del casting volessero promuovere una campagna contro le discriminazioni verso le cosiddette "marshmallow gilrs", le teenager giapponesi (ma anche americane) che non rientrano nelle tradizionali misure imposte dallo starsystem fashion internazionale e locale. Un modo per aiutare anche la loro autostima.

- Piccola, esile e tenera, secondo lo stile orientale, - dice Ai. - E alta, slanciata e prosperosa secondo quello occidentale, - conclude.

- Sembra, - ribatto io, - che in un'intervista al magazine nipponico *Nikkan Spa,* il reporter abbia sottolineato come tutti i membri della Chubbiness amino mangiare e quando le conversazioni ruotano attorno al cibo, le ragazze diventano tutte vivaci e felici. Una cosa riportata da Joan Coello nel suo articolo *Meet Chubbiness, Japan's latest chubby girl idol group* apparso sul sito www.japantoday.com il 29 gennaio 2014.

- Ma non solo, pare che le ragazze invitino i fan a votare la loro "parte chubby" preferita: mento, guance, cosce o tette che siano!

- Insomma, dieci piccole paffutelle nate tra il 1989 e il 1994, quindi tra i 20 e i 25 anni pronte a rivendicare il loro diritto a essere delle "marshmallow girls"!

- In effetti, - riprende la parola Ai, - il Giappone non è molto diverso dall'occidente. Gli standard ideali di bellezza femminile sono legati all'ossessione delle Idols come da voi le veline o le concorrenti dei concorsi di bellezza. Per le donne normali e un po' fuori peso la vita è dura!

- Osservandole online, però, sembrano normalissime teenager, magari qualcuna è un po' paffutella ma senza esagerazioni...

- Non dirmi che ti aspettavi la carica delle vacche scottone? - Insiste Ai. - Appartengono sempre al mondo dello spettacolo, propositi buoni o meno, il marketing rispetta le sue regole.

- Vacche scottone? Semmai avrei detto mucche, il termine vacca da adito a doppi significati. Anche se, quando ripenso al genere "mucchiri" non posso che tornare a sorridere! Insomma, "mucchiri" richiama alla mente le "mucche", c'è poco da fare, non certo le marshmallow girls. Ma non additiamole come mucche nemmeno per scherzare, per carità. Anche perché quelle vere, le quadrupedi a quattro zampe, potrebbero arrabbiarsi. Certe mucche, difficile crederci, non se la passano poi così male...

CAPITOLO 23

MUUU! DALLE "MUCCHIRI" ALLE... MUCCHE DI MATSUZAKA!

AAA cercasi, femmina, vergine, dissetata con birra, lavata col distillato di riso e massaggiata a mano con cura. Immaginario annuncio economico per ingaggiare una delle mucche di Matsuzaka, città nella prefettura di Mie, vicino Osaka. Ma il celebre manzo di Kobe dov'è finito? Sta bene grazie, ma lui appartiene alla razza bovina di Tajima e dimora nella prefettura di Hyogo. Nonostante le mucche di quelle parti siano le più popolari tra tutte le wagyu ("gyu" sta per carne e "wa" per nipponica), gli intenditori considerano la mucca Matsuzaka ancora più pregiata. Insomma, meno Kobe più Matsuzaka. I trattamenti sono similari, ma i risultati sembra siano migliori. Per parafrasare tutto potremmo utilizzare il celebre *Teorema* espresso dalla canzone di Marco Ferradini nel lontano 1981. "Prendi un vitello, trattalo bene, delizialo con la musica classica, massaggialo con un guanto di crine. Poi offrigli una razione di birra al giorno, stimolagli l'appetito e abboffalo di cereali, barbabietole e patate. E alla fine vedrai, che carne pregiata otterrai!". *E stai sicuro che lei ti lascerà, chi è troppo amato, amore non dà, chi meno ama è il più forte si sa!* Il *Teorema* continuava così e, purtroppo, alla fine lei, la mucca, ti lascia per il paradiso dei bovini. Ma è l'ennesima dimostrazione che il *Teorema* funziona sempre, anche per ottenere la pregiata carne wagyu.

- Ma è vero che ogni mucca deve essere certificata e tracciata?
- Be' si, - risponde Ai, - anche le mucche di Kobe sono certificate, ma i procedimenti per la Matsuzaka sono più severi. Ogni mucca ha quasi un curriculum vitae, un pedigree che certifica la qualità dell'esemplare che deve essere rigorosamente femmina e vergine. Dopodichè va garantito anche il cibo con cui la mucca viene nutrita, il nome e l'impronta del naso!
- Incredibile, scusa la meraviglia, ma non è ch'io sia un'intenditore di mucche. (Almeno quelle a quattro zampe, penso tra me e me).

- A tutta questa incredibile sequela di burocrazia, - continua lei, - segue un'analoga certificazione obbligatoria per tutti i rivenditori che riassume origine, ente garante, dati dell'allevatore, dell'allevamento e link su internet per tracciare il quadrupede dal giorno della nascita fino alla macellazione...

- Ma dimmi te...

- Inoltre, da quello che so, credo sia obbligatorio garantire anche il livello di qualità della carne in base al grado di marmorizzazione, compattezza, colore, texture e altro ancora...

- Cose dall'altro mondo, per quanto mi riguarda...

- Attribuirsi il titolo Matsuzaka non è facile: la carne deve essere di una mucca di almeno 900 giorni, femmina, vergine, proveniente unicamente dalla zona di Tajima dove viene svezzata per sette otto mesi prima di sottoporsi al trattamento. Le mucche allevate secondo questi standard sono solo 10mila. Ho letto da qualche parte che da marzo 2009 ad aprile 2010 solo 5mila capi sono stati macellati.

- Insomma è come se fossero delle botti di Brunello di Montalcino o Barolo gran riserva a chiazze bianche e nere...

- Uhm, credo che il manto delle mucche Matsuzaka sia nero o comunque scuro, leggermente diverso da quello dei vostri quadrupedi.

- Una vera prelibatezza che costerà uno sproposito come il manzo di Kobe!

- Se tratti una mucca come se fosse in un health center oppure in una SPA di lusso non puoi meravigliarti che il costo sia orbitale. C'è chi paga oltre 10mila yen (più di 72 euro) per 150 grammi di Matsuzaka qualità gold (A5). Nei ristoranti di Tokyo, puoi spendere anche 300 euro a bistecca!

- Una follia...

- I giapponesi sostengono che una bistecca perfetta si taglia con le bacchette. Non con il coltello. E un tipo di carne simile può arrivare solo da Matsuzaka nella prefettura di Mie, vicino Osaka. Oppure da Kobe, Nishinomiya, Sanda, Kakogawa o Himeji nella Prefettura di Hyogo... il famoso manzo di Kobe.

- Mi hanno colpito i 300 euro per una bistecca a Tokyo...

- Tokyo è la capitale mondiale del gourmet. Non lo dicono i giapponesi, ma gli europei con la loro guida Guida Michelin Tokyo Yokohama Shonan 2014. Tra una pagina e l'altra scoprirai che ci sono ben 14 ristoranti a tre stelle, il massimo della vita, che hanno permesso alla capitale giapponese, per la sesta o forse settima volta, di aggiudicarsi il primato dei piaceri della tavola. Da questo punto di vista Tokyo batte ogni altra metropoli del mondo (Parigi occupa il secondo posto con soli 10 tre stelle) considerando anche gli altri 267 ristoranti stellati della capitale nipponica (59 a due e 208 a una sola stella).

- Sembra incredibile, eh?

- Be', pensandoci bene c'e da restare quasi di marmo...

- Si, - riprende lei, - gli animali ingrassano e si "marmorizzano". Nei tessuti muscolari si creano infiltrazioni di grassi che danno alla ciccia questo aspetto "particolare" ma, soprattutto, evitano che diventi troppo secca mentre la cuoci. Il contrario di quello che accade con le carni magre che si asciugano velocemente.

- Ovviamente l'alternanza tra il rosso della polpa e le venature bianche del grasso sono il risultato delle incredibili cure che gli allevatori riservano alle wagyu. Non dimenticarlo. Le mucche adorano fieno, orzo, crusca e derivati della soia. Bevono acqua quanto basta e, da agosto a ottobre, quando soffrono il caldo e aumenta l'inappetenza vengono aiutate con la birra.

- La birra? Parliamo di mucche ubriacone?

- No, serve solo per accelerare la digestione, ridurre il senso di sazietà e stimolare il quadrupede a ingurgitare maggior volumi di cibo.

- Insomma, coccolate, viziate e leggermente abboffate!

- Se è per questo le Matsuzaka vivono pure in stalle individuali fatte di legno in cui gli addetti, ogni giorno, provvedono al cambio della lettiera e al rimessaggio della cuccetta. E poi, quotidianamente le strigliano con lo Shōchū, distillato di riso che le aiuta ad avere un folto pelo lucido. Dopodichè sono massaggiate, centimetro dopo centimetro, con una speciale spazzola di paglia semiruvida. Un espediente che serve a favorire la distribuzione uniforme del grasso in ogni parte del loro corpo.

- Insomma, - riprendo io, - mucche trattate come gli antichi Lord inglesi.

- Già, anche se nessuno valutava il grado di marmorizzazione della loro carne in una scala di misura da uno a dodici!

- E ci mancherebbe altro. D'altra parte, la ciccia è ciccia, ragazzi, c'è poco da fare...

CAPITOLO 24

POO PO PO PO PO POOOO, LA CICCIA DEL "CORETTO DA STADIO!"

Una parola, tanti significati. "Ciccia" vuol dire anche niente, pazienza, basta, non c'è altro. Basta esclamarla e gli altri capiscono. Come a dire che a citare la parte carnosa del corpo umano non si sbaglia mai. In un modo o nell'altro... ti comprendono tutti. Ciccia come prosperità dell'adipe. Ciccia come buona stella. Ciccia come fortuna. Ciccia come sinonimo intimo di donna sexy. Ciccia che si taglia con le bacchette. Ciccia di Matsuzaka o Kobe. Ciccia come cibo. Ciccia per il corpo e per la mente. Volenti o nolenti, per fortuna che lei c'è, la ciccia. Intorno all'osso. Perché tanta ciccia, tanta sostanza. Tanta ciccia, tanta musica. Anche se, a volte, certa ciccia sembra tutta uguale. Tanto per fare qualche esempio: cos'è che accomuna gli U2 di *The Miracle (of Joey Ramone)*, i Coldplay di *Viva la Vida* (o *Princess of China*) e il James Blunt di *Heart to Heart?* Be', lo stesso elemento che contraddistingue i Train di *I Will Remember, Bulletproof Picasso* o *Angel in Blue Jeans* e i The Script di *It's Not Right for You, Superheroes* e *Paint the Town Green*. Questo solo per citare una manciata di band. In alternativa, potremmo aggiungere i brani *Dirty Paws* e *Little Talks* dei Of Monsters And Men. A cui, azzardando, sommerei anche il refrain fanciullesco di Faul & Wad & Pnau con *Changes* insieme alla Shakira di *Dare (La La La)* o *Empire*. Insomma, cosa li accosta tra loro, dicevo? Dov'è la ciccia? Be', ovviamente nel "coretto da stadio", per dirla volgarmente. Ovvero quella contaminazione stilistica musicale cominciata col "Poo Po Po Po Po Poooo Poo" dei The White Stripes di *Seven Nation Army* e arrivata fino a oggi. Era il 2003 e il chorus del brano rimbalzò subito nelle curve calcistiche. C'è chi dice per la prima volta in quella della Juve Stabia nel 2004, seguita da Perugia e riapparsa nello stadio della Sambenedettese. Almeno fino alla consacrazione della tifoseria romanista, il 15 febbraio 2006, in occasione della partita di Coppa UEFA con il Bruges. Sia come sia, il coretto diventa sicuramente stranoto nei Mondiali di Germania 2006 quando, tra il 9 e il 10 luglio, la Nazionale italiana conquista il titolo di Campione del Mondo. "I'm gonna fight 'em off, a seven nation army couldn't hold me back", dice la canzone. Ovvero *li combatterò tutti, anche un esercito di sette nazioni non riuscirà a fermarmi*. Guarda caso proprio quelle sette squadre (quegli eserciti), che una nazionale di calcio deve affrontare per arrivare alla finale mondiale. Da allora il Poo Po Po Po Po Poooo Poo dei The White Stripes non ha solo spopolato, ma fatto scuola. Un altro tassello di marketing musicale si è aggiunto ai cliché standard. Un tassello che comunque veniva da molto, molto lontano, dai coretti beatlesiani e beachboysiani stile sixties, anni '60, per intenderci. Se *Yellow Submarine, All You Need is Love, Ob-La-Di, Ob-La-Da* ed *Hey Jude* non bastano. Ci sono pur sempre *Barbara Ann, Good Vibration* o *Kokomo* a ricordarcelo. La ciccia è questa. Servirebbe a poco riepilogare un altro centinaio di brani dall'analoga struttura. Nel 1972, ora che mi torna in mente, un altro tizio chiamato Lou Reed sorprende tutti col suo doo-doo-doo-dooddo-doo-ddò di *Walk on the Wild Side* che non sfigurerebbe affatto cantato insieme al Poo Po Po Po Po Poooo Poo di oggi. Insomma parte sempre tutto da lontano. Il refrain, ritornello, coretto o chorus, chiamatelo come volete, c'è sempre stato. Funziona, coinvolge, entusiasma, piace e va bene così. Ciccia. Poi, di tanto in tanto, qualche solone tra il pubblico protesta nauseato. Naturalmente si tratta delle solite sterili polemiche, quelle del rock antisistema (ancora?), dell'appiattimento culturale (uffa!) del messaggio culturale da comunicare (che noia!). Insomma, quelli che blaterano di "officine multinazionali della manipolazione dei cervelli" e protestano per i "coretti da stadio", ultimo vizio della cosiddetta industria cultural musicale. Complimenti a loro. E tanta ciccia a noi! Ma di questo non ho nessuna intenzione di parlarne con Ai. Sarebbe troppo faticoso...

DI "RIFF" O DI RAFFA,
HAI OTTENUTO CIÒ CHE VOLEVI!

Parlavo di coretto o refrain da curva calcistica e mi viene in mente il brano *Geronimo* degli Sheppard oppure *Boom Clap* di Charli XCX, anche loro cantabilissime tutte in coro. Stessa struttura musicale di *Somebody To You* (feat. Demi Lovato) dei The Vamps. Refrain cantabile integrato, in alcuni casi, anche a qualche riff, che non è proprio la stessa cosa.

- Già ma che cos'è veramente il riff? - Mi domanda Ai...
- È una frase musicale ripetuta frequentemente all'interno di una composizione. Insomma è una successione di note con una loro caratterizzazione espressiva orecchiabile e riconoscibile come una frase all'interno di una poesia o un'opera letteraria. Il riff è un po' Alle 5 della sera di Federico García Lorca nel suo Lamento per Ignacio Sánchez Mejías del 1935, per intenderci. La parola riff è una specie di abbreviazione di refrain, refrain-ref-rif-riff, anche se più genericamente il riff, più che a un ritornello, vista la sua brevità e tensione ritmica è ormai associato a uno specifico strumento come chitarra o piano.
- Già allora è simile al refrain, al ritornello...
- Direi di no. Attenzione, il riff non è un refrain e nemmeno un assolo che segue le strutture armoniche della canzone, ma non ne ripete l'armonia. Il riff è il riff. E basta. Inutile che mi guardi perplessa. I riff, - mi spiego meglio, - ci hanno deliziato per oltre mezzo secolo di blues, jazz, folk, pop e rock. Migliaia di riff sono probabilmente famosi come e più dei refrain calcistici stile Poo Po Po Po Po Poooo Poo! Pensa a *Smoke on the Water* dei Deep Purple, *Hotel California* degli Eagles, *Whola Lotta Love* dei Led Zeppelin, *Satisfaction* degli Stones, *Paranoid* dei Black Sabbath, *Money* dei Pink Floyd, *Sweet Home Alabama* dei Lynyard Skynyrd, *Walk this Way* degli Aerosmith, *Like a Hurricane* o *My My, Hey Hey* di Neil Young, *Johnny B Goode* di Chuck Berry, *Purple*

Haze di Jimi Hendrix, *Beat it* di Michael Jackson, *Back in Black* degli AC/DC, *Bohemian Rhapsody* dei Queen, *Born to be Wild* degli Steppenwolf o il riff hammond-allucinato e lisergico di *Ligth my fire* dei Doors. Tutto chiaro, ora?
Silenzio in sala. Vabbè, - penso -, non ci si deve mica confrontare ogni giorno! No?

VERSO L'INFINITO E OLTRE. PECCATO CHE TUTTO È "FINITO"!

Le strutture musicali sono finite e non infinite (almeno a livello pratico, tralasciando elaborate teorie matematiche). E si contaminano tra loro. È il bello della società multietnica musicale, verrebbe da dire. Nel mondo occidentale come in quello orientale. Questione anche di marketing.
Prendi a d esempio Calvin Harris (feat. John Newman) in *Blame* e i Coldplay di *Sky Full of Stars*. Aggiungi *Extraordinary* (feat. Sharna Bass) dei Clean Bandit insieme ad Ellie Goulding in *Burn*. A questo punto miscela tutto con *Stay the Night* (feat. Hayley Williams) di Zedd e *Nobody To Love* di Sigma. Il sapore comune di questo coktail è quello del refrain electropop dance tutto tastiere ed effetti digitali. E i giochi sono fatti. Forse, adesso che ci penso è lo stesso minestrone di alcuni pezzi di ayumi hamasaki! Almeno in parte.
Il refrain electropop dance, tra le altre cose, è il risultato dell'evoluzione del mestiere del DJ, divenuto sempre più dominus produttore della musica pop, rock e dance. È grazie a lui che, a forza di mescolare sonorità dalle più diverse estrazioni sono nate alcune delle customizzazioni più efficaci degli ultimi 20 anni. Il DJ non è più un juke-box umano che spara in sequenza i brani del momento, ma un produttore e talent scout che rumina, elabora, propone e ripropone

musica innovativa ed alternativa. Insomma il deejay, meglio scriverlo così, non suona più solo i dischi utilizzando effetti sonori come scratche, trick e routine. Non è più uno che li fa suonare al contrario (backspin), vantandosi di essere un mago della drum-machine. Anche perché con l'avvento degli effetti digitali è tutto riproducibile spingendo un solo tasto. Il cosidetto turntablism hip hop si fa col portatile o il tablet utilizzando software e console iperevolute. Oggi i deejay "cavalcano il vinile" in altri modi. Con la testa, la musica, la creatività e, soprattutto, lo spettacolo. In tutti i sensi. Penso a Dj Hello Kitty che, dai tempi del suo debutto è diventato (o diventata?) un'icona delle tivù asiatiche arrivando persino a Bangkok, nel 2012. Già proprio così, Hello Kitty gigante, il pupazzone stile Disneyland che manovra jog, key e pitch control, equalizza tutto col filter e manovra unità multieffetti DSP, campionatori e tastiere MIDI meglio di tanti altri. E quando non sa cosa fare, imposta dei loop da brivido. Magari anche nei concerti di ayumi hamasaki. Basta saper ascoltare, vedere e magari anche capire. A patto di conoscere la lingua, che è importante. Ma fino a un certo punto...

CAPITOLO 27

CANTA CHE TI PASSA:
UNA QUESTIONE DI LINGUA.

Lingua, organo muscolare misterioso che consente di parlare, "marchingegno" indispensabile per emettere suoni, deus ex machina dell'idioma. La puoi avere lunga, corta e magari senza peli sopra. La puoi usare troppo o poco, per dire fesserie, confidenze o maldicenze. Oppure cose belle e commoventi. Se la tieni a freno eviti che qualcuno te la tagli. Se te la mordi, in certe occasioni eludi effetti sgraditi. Perché, come dice il proverbio, *ne uccide più la lingua che la spada,* anche se, cantando male, puoi ottenere lo stesso risultato.

Viceversa, vocalizzando bene puoi incantare le folle. Grazie a lei, alla lingua e alla fonetica che marcia di pari passo, gli esseri umani comunicano, parlano, modulano la voce, gorgheggiano, stornellano e salmodiano. Che sia locale o dialettale è importante che la lingua sia soprattutto viva e... cantata. In quest'ultimo caso, per quanto sia diversa dalla tua, è più facile da capire. Se c'è anche la musica, poi, l'emissione vocale può avvicinarsi alla poesia declamata. E allora è difficile non capire. Prendi il mondo del rock, tutto di origine anglossassone. Le difficoltà a comprendere tutte, ma proprio tutte le parole di una canzone in inglese hanno mai ostacolato la capacità e la voglia di goderne la relativa bellezza? Direi proprio di no. E il motivo è presto detto: se non sei di madre lingua capisci sempre poco e nulla. Soprattutto le canzoni. Migliaia di libri coi testi tradotti, decine di riviste come *Sorrisi e Canzoni TV* stanno lì a ricordarcelo. A volte capitava anche per i brani in italiano. - *Guarda qua,* - diceva mia zia negli anni '70 sfogliando *Sorrisi e Canzoni TV,* - *c'è tutto il testo di quella canzone che ti piaceva tanto!* - Vero, non esisteva periodico musicale che non avesse interi versi inglesi o americani tradotti per i lettori. Ricordo pietre miliari periodiche come *Nuovo Sound, Ciao 2001, Tutto musica e spettacolo, Rockstar, il Mucchio Selvaggio, Stereoplay* e altri ancora che hanno fatto la loro fortuna anche grazie alla voglia degli appassionati di rileggere i testi delle loro canzoni preferite. Che fossero in italiano o in lingua inglese, poco importava. Tanto chi se li ricordava? E chi li aveva mai compresi nel loro vero significato anche ascoltando i brani per dieci volte di fila? La cosa vale anche per le altre lingue: è solo questione di abitudine, sono davvero pochi gli idiomi sgradevoli al suono, anche se esistono. E il giapponese non è diverso dall'inglese se non focalizzi troppo l'attenzione sulle parole. E se lo fai, accade qualcosa che ti lascia perplesso all'inizio, poi confondi tutto come fosse idioma anglossassone. Anche perché, meglio ricordarlo, oltre a essere una lingua estremamente musicale e ricca di vocali, il nipponico è anche una lingua sillabica. (Oppure no!?)

CAPITOLO 28

MISS VOCALE E MISTER CONSONANTE "CONSUONANO" A NOZZE!

Chi di sillaba ferisce, di sillaba perisce. Già, ma che diavolo è una sillaba? Ho passato mezza vita a scrivere e mi sono dimenticato di questo concetto. Incredibile. Così mi sono addentrato nell'argomento avvalendomi della collaborazione della mia amica Ai, da cui mi aspetto sempre qualche delucidazione. Anche se, spesso, sproloquio dopo sproloquio, finiamo solo col diventare due burloni che "giocano" con concetti spesso più grandi di loro...

- Be', la sillaba è la più piccola unità fonica in cui si possono dividere le parole ed è presente nelle emissioni vocali di ogni lingua, di ogni essere vivente parlante, - attacca lei...

La guardo perplesso e un po' stordito, poi riattacca la solfa...

- Se sfogli il dizionario italiano vedrai che la sillaba viene definita come "un'unità fonica normalmente costituita da un nucleo vocalico che può essere preceduto o seguito da elementi consonantici...".

- Insomma, dall'alternarsi di vocali e consonanti vengono fuori le sillabe e, di conseguenza, il nostro linguaggio, - replico.

- Detta un po' brutalmente diciamo di si. Volendo, potremmo dire che la sillaba è anche un'unità fonetica rappresentata da uno o più suoni che si pronunciano con la stessa emissione vocale, - continua Ai e poi riparte...

- Anche se, a proposito del concetto di sillaba, ci sono delle divergenze tra le descrizioni suggerite dalla fonologia e quelle proposte dalla fonetica.

- Ovvero? Spiegati meglio.

- La fonetica studia i suoni del linguaggio articolato (i foni), le sue proprietà fisiche e fisiologiche dal punto di vista articolatorio, acustico e percettivo. Mentre la fonologia si occupa dei foni raggruppati in classi (chiamate fonemi), che servono a far distinguere tra loro le parole nelle varie lingue. Insomma, studia la funzione linguistica dei suoni. E quindi, spesso, le definizioni non coincidono.

- Vabbè, - replico spazientito, - sarà pure un argomento controverso, ma per non scendere nel troppo scientifico...

- ... per non farlo diciamo che la sillaba può essere formata da una vocale o da un dittongo, soli o accompagnati da una o più consonanti...

A questo punto Ai si ferma un secondo e poi riprende.

- Inoltre è formata da un attacco, un nucleo e una coda. Tre elementi fondamentali. O, forse, per meglio dire, si costruisce intorno a un nucleo. A volte basta solo quello...

- Ehm, - la fermo, - è un po' come armonia, melodia e ritmo, - aggiungo.

- E quindi la sillaba scandisce un po' il tempo della frase? No?

Ai mi guarda stralunata...

- Non lo so! Stai andando oltre. Da quello che ricordo, nucleo e coda sono spesso integrati in un ulteriore unità prosodica chiamata rima...

- Arrrgh! Ferma tutto. Dicevi prosodico? Intendi una specie di antiacido verbale, la citoprosodina?!

- Uffa, non è colpa mia se, a forza di scrivere, ti sei dimenticato delle strutture che ci sono alla base della scrittura e del linguaggio. La prosodia è la parte della linguistica che studia l'intonazione, il ritmo, la durata e l'accento del linguaggio parlato, - sbotta un po' lei. - Sillaba, accento, tono, intonazione, raddoppiamento fonosintattico, per fare degli esempi, sono quelli che gli studiosi definiscono come fenomeni prosodici.

- Okay, mi arrendo e faccio finta di seguirti, - rispondo.

- Tornando a prima, riattacca lei, il nucleo è l'unica parte obbligatoria e nel nucleo sillabico trovi le vocali, i dittonghi, le consonanti sonoranti liquide, come "r" e "l", oppure quelle nasali tipo "m" o "n"...

- Ti seguo ma è come se non ci fossi, - esclamo. - Mentre ti ascolto mi balenano in mente termini come altezza, intensità e timbro: i caratteri fisici del suono. E in qualche modo c'entrano anche loro. No?

- Credo tu stia facendo un po' di confusione, - risponde.

- Comunque, tornando a noi, una sillaba può essere aperta quando termina per vocale, chiusa se finisce per consonante. Oppure tonica, ovvero quella su cui cade l'accento e dove va marcata la voce per pronunciare tutto correttamente.

A questo punto il mio sguardo si fa sempre più attonito, anzi, rintronato, forse anche oltre...

- Eh si, anche l'accento conta... - Replico tanto per dire.

- ... anche quello è un elemento prosodico che caratterizza la sillaba con un aumento della forza espiratoria e del tono, - Incalza lei continuando...

- E in base alla sillaba accentata, detta tonica, in cui è maggiore la forza espiratoria, le parole si classificano in tronche, piane, sdrucciole e bisdrucciole. - Poi aggiunge...

- Non ti ricordi? A scuola le maestre parlavano delle cosiddette parole tronche, quando l'accento cade sull'ultima sillaba, piane quando va sulla penultima, sdrucciole sulla terzultima, bisdrucciole sulla quartultima, trisdrucciole quando si trova sulla quintultima....

- ... e le luccioleeee, - la stoppo io, - che ormai non si vedono più! Almeno quelle volanti. Per le "altre" c'e sempre spazio (e pochi soldi penso). Diamine...

- Okay, tu credi che ceda alle tue provocazioni e mi fermi? Sbagliato! Invece continuo, perchè la sillaba è importantissima in ogni tipo di linguaggio. Ogni parola ne ha almeno una, non a caso quelle più brevi sono chiamate monosillabi... spero che tu mi stia seguendo, - continua lei...

- Tranquilla, - sussurro tra me e me.

- La sillaba fa parte di ogni persona, bambini e analfabeti inclusi. I bambini riescono a sillabare già da piccoli. Pensa ai loro giochi verbali fatti proprio col rimescolamento delle sillabe.

- Ascolta, - la interrompo, - qui la cosa si sta facendo complessa. L'unico pensiero che mi viene in mente ora è che, acusticamente parlando, probabilmente ogni sillaba corrisponde a un picco di intensità sonora. E che vocali e consonanti "con-suonano" visto che il termine stesso, etimologicamente parlando, si riferisce proprio a questa loro proprietà. Con-suonare, cioè dover suonare assieme alle vocali.

- Be', ovviamente le consonanti non vengono quasi mai emesse da sole, ma si appoggiano alle vocali e insieme formano un crescendo continuo d'intensità. Ma devi ricordare che la linea di separazione tra foni (i suoni) forti e foni deboli varia da lingua a lingua. - Attimo di silenzio...

- E poi, tanto per complicarti ulteriormente la comprensione, ti ricordo che i foni, i suoni, possono essere ordinati secondo una scala di intensità o sillabicità fatta di oltre dieci livelli. Vocali aperte, semi-aperte, vocali semi-chiuse, approssimanti, vibranti, nasali, laterali, fricative sonore, fricative sorde, occlusive sonore, occlusive sorde, affricate sonore, affricate sorde e...

- ... e "affricate a' soreta!", - strepito alla fine. - Ovviamente, poi entrerà in ballo anche la conformazione della glottide! No? E poi, tu che sei giapponese come fai a esprimerti così bene nella mia lingua? Eh?
Ai strabuzza gli occhi rimanendo interdetta senza parole. Che sia stato "quell'affricate a soreta" a mandarla in tilt?

PS. Ci sono le vocali (a, e, i, o, u) e le consonanti (b, c, d, f, g, h, l, m, eccetera). Ogni parola è formata da lettere che si uniscono insieme. Quando leggo una parola devo combinare tutti i suoni. La sillaba è ogni parte di una parola che pronuncio con una sola emissione di fiato, con un solo movimento della bocca. Se leggo delle parole divise in sillabe, battendo le mani allo stesso tempo dell'emissione della voce, verrà fuori quasi una musichetta, perché le parole hanno un ritmo. Più o meno lungo e cadenzato in base al numero di sillabe che le compongono. Sillabe e parole, in sostanza, sono... musica! Forse bastava solo scrivere questo. Oppure no?

CAPITOLO 29

TROPPO COMPLICATO
PER ESSERE CANTATO?

Lingua sillabica vuol dire tutto e niente, penso tra me e me. Però, forse, grazie alla musica il concetto di sillabazione riesce a fissarsi nella mia testa meglio di quanto non immagini. Certo, non vedo l'ora di tornare a parlare di musica "vera" con la mia amica Ai. Ma ormai ci siamo imbarcati in questo vicolo cieco, come posso tirarmi indietro?

- Quando hai difficoltà nel comunicare perché la linea telefonica è disturbata, oppure c'è troppo rumore, spesso dividi la parola in parti più piccole, spezzate e ritmate che corrispondono alle sillabe. Capisci? Mi-sen-ti-ma-mma? So-no an-co-ra a To-ky-ò (con la "o" che sembra accentata, anche se le accentate da noi non esistono). Insomma fai una specie di scansione vocale, quasi ortografica, - riprende Ai.

- Il nipponico funziona in questo modo. E anche cantando non cambia molto.

- Insomma, è quasi come sillabare declamando una poesia! Si, ma chi lo fa più oggigiorno? Roba da festival beat con Allen Ginsberg, Ferlinghetti e Gregory Corso, - penso. - Però non siamo più negli anni '70! Ma lei riprende...

- L'obiettivo è dare ritmo alle sequenze fonetiche che poi diventano anche musicali.

- Vedi, il principio della sillabazione c'è anche nella metrica latina come in quella italiana, accenti a parte, - continua lei.

- E in quella giapponese? - Chiedo.

- Il giapponese è una lingua sillabica perché l'elemento fondamentale della parola non è la lettera, bensì la sillaba.

- Quindi un suono o un complesso di suoni?

- Diciamo di si.

- Il giapponese non ha un alfabeto, ma un sillabario (kana) formato da un insieme di segni sillabici che rappresentano tutti i suoni fondamentali della lingua che non possono in alcun modo essere scomposti. Le due forme di scrittura sillabica kana sono chiamate hiragana e katakana. Si tratta, per farti capire, di due alfabeti fonetici. Il primo, costituito da 46 caratteri di base (oppure sillabe pure), era usato anticamente dalle dame di corte che si prodigavano negli esercizi di calligrafia ed è impiegato oggi per rappresentare particelle e suffissi grammaticali del giapponese posti accanto agli ideogrammi, ma anche parole d'origine cinese e desinenze dei verbi.

Il secondo alfabeto, il katakana (che vuol dire frammento di *kana*) è costituito analogamente da 46 caratteri di base (o sillabe pure). Un tempo veniva usato dai monaci studiosi di cinese per annotare la pronuncia vicino ai caratteri che leggevano. E non per scrivere testi completi. Oggi serve soprattutto per rappresentare parole di derivazione straniera, per le onomatopee, i nomi propri o quelli scientifici di flora e fauna, per il linguaggio della tecnologia o altre scelte stilistiche. Tieni presente inoltre che, in giapponese, la stessa parola può includere entrambi i sistemi di scrittura.

- Poi, ovviamente ci sono i kanji, - aggiungo.

- Sì, i cosiddetti kanji, ognuno dei quali, però, esprime un'idea, un concetto!

Lo dice sorridendo, quasi in segno di sfida e la cosa mi genera dentro qualche perplessità. Forse comprendo perché non mi è mai passato per la testa di applicarmi più di tanto allo studio del nipponico...

- E già, - ribatto...

- Qui cambia un po' tutto, non vorrei confonderti le idee perché questi caratteri in giapponese possono avere più di una lettura, generalmente due: una nipponica, un'altra di origine cinese e anche più di un significato. I kanji, inoltre, sono ideogrammi composti da due parti, la prima è detta busyu (radicale) ed esprime il significato, la seconda viene chiamata henbō (fonetica) perché fornisce la lettura del carattere stesso. I radicali (busyu) sono 214, ma solo una cinquantina fanno parte di un numero importante di caratteri. Le parti fonetiche (henbō), invece, sono quasi migliaia. Ora non mi viene in mente il numero preciso.

- Guardami, mi vedi perplesso? - Aggiungo immediatamente.

- Lo so, lo vedo dalle tue espressioni, ma lo dicevo semplicemente per farti capire che i giapponesi hanno preso gli ideogrammi cinesi per mettere in piedi la loro lingua intorno al V° secolo dopo Cristo. Però le differenze grammaticali e di pronuncia fra le due lingue convinsero i giapponesi a creare due alfabeti sillabici, hiragana e katakana, per poter esprimere suffissi e prefissi grammaticali.

Nella lingua nipponica moderna si usano oltre 2000 kanji, (2136 secondo la riforma del 2010) considerati indispensabili nell'uso quotidiano dal Ministero dell'Istruzione e insegnati nella scuola elementare.

- Svengo! Insomma, tutto questo casino solo per spiegarmi che la lingua giapponese è sillabica, ha una fonetica piuttosto facile con 5 vocali (a, i, u, e, o) che possono essere brevi o lunghe raddoppiandosi. Però la grammatica è relativamente difficile e, naturalmente, la scrittura giapponese lo è ancora di più!

- Be', a quelle vocali andrebbero sommate le consonanti come k, s, t, n, h, f, m, y, r, w, g, j, z, d, b, p, che, insieme alle vocali, facciamo il caso del "K", producono suoni combinati come K+A, ovvero KA. K+I uguale a KI. E poi K+U quindi KU. E via dicendo. Fino ad arrivare ad altre combinazioni consonantiche come SA, NA, TA, HA, MA, YA, RA, WA, GA, ZA, DA, BA, PA eccetera, solo per fare un piccolo esempio generalizzando e mescolando suoni "puri" e "impuri". E poi, ehm, forse comincio a confondermi anch'io, spiegartelo in italiano non è semplice, rischio di sbagliare.

- Sai che ti dico Ai? Senti questa sillabazione: A-IU-TO!

Ma lei insiste...

- Potrei proseguire ricordandoti che nell'alfabeto hiragana, come nel katakana, ogni carattere non corrisponde precisamente a un fonema vocalico o consonantico come per le lingue occidentali (e i loro alfabeti), ma a un'intera sillaba. Esistono sillabe fatte da una sola vocale, da consonante e vocale oppure sillabe "pure", impure, semipure...

- E se la finissimo "PU-RE" qui? - Concludo stordito.

PS. Qualche giorno dopo, collegandomi al sito dell'ambasciata nipponica, nella sezione dedicata alla lingua scopro che i caratteri base hiragana e katakana sarebbero 48 ciascuno, invece di 46. A differenza di quanto dichiarato da affidabili libri accademici. Ma decido di non indagare...

CAPITOLO 30

KUMI KODA LIVE TOUR 2014
- BON VOYAGE -

Certe volte mi ostino a cercare di capire cose di cui non riesco ad afferrare il significato. Provo e riprovo e finisco col sentirmi come l'ultimo dei giapponesi nella giungla. Anzi, rimango un po' inebetito, per non dire rincoglionito, davanti a qualcosa che non afferro nella sua essenza più intima. Non è questione di apprendere i meccanismi, ma di avere chiaro - almeno a grandi linee - come certi automatismi idiomatici funzionino. Ma in certi momenti non c'è prorio nulla da fare. A sentire Kumi Kōda che canta sembra tutto facile. La lingua, la pronuncia, la musicalità delle frasi. Diciamo la verità. Il giapponese è delicato e musicale quanto la lingua italiana, il francese o lo spagnolo. All'inglese siamo ormai abituati, quindi rappresenta un discorso a parte. Ho scoperto però che il segreto sta nel non farsi sopraffare psicologicamente dalla lingua. Se invece di seguire una canzone in tutta la sua struttura armonica, melodica, ritmica e vocale ti concentri solo sulla lingua, allora rischi che vada tutto in malora. Per un'intera settimana, lo scorso mese, mi sono fissato unicamente sulla lingua, sulla pronuncia nipponica e tutto mi sembrava strano, fuori posto, certe volte mi veniva addirittura da ridere. Provate un po' a immaginare le parole *Koyoi no Tsuki no Youni* di Kumi Kōda tratte dall'album *Color the Cover*. Da romano, il ritornello in cui le parole sillabate suonano *koyo-inò tsukino yo-u-nì*, lascia senza fiato. *Koyo-inò* non è molto diverso da *ko-jo-né*. E *ko-jo-né*, a sua volta, per associazione mentale riporta a er-cojo-ne delle battute romanesche. Se poi ci aggiungi *you-nì* vicino la cosa peggiora. Diventa er... *cojo-né yo-u-nì!* Solo un esempio, d'accordo, ma significativo. Poi basta riconcentrarsi sulla musica e il ghigno ironico si smorza, tutto scema senza problemi. Altrimenti non sarei qui a scrivere queste righe. E forse nemmeno a gustarmi Kumi Kōda nel suo Live Tour 2014 - Bon Voyage -.

"L'America sta diventando una piatta società di vegetariani, astemi e puritani. Io credo nella carne rossa, nel vino e nelle donne." *Jack Nicholson.*

Non so bene perché, ma guardando Kōda Kumi in azione sul palco mi continua a tornare in mente questa citazione letta chissà dove. Ho scritto Kōda Kumi alla nipponica, dove il cognome va sempre prima del nome e non viceversa. Già, proprio Kōda Kumi, l'artista che, insieme ad ayumi hamasaki e Namie Amuro fa parte del "tris di donna" dell'Avex Trax, l'etichetta discografica giapponese lanciata nel lontano 1990 e appartenente al più ampio Avex Group. Avex sta per English words audio Visual Expert ed è la più grande delle principali label discografiche nipponiche. I dati del primo semestre 2013 la davano al 14,7% di tutte le vendite di musica registrata davanti a Sony Music Entertainment Japan (13,0%), Universal Music Japan (9,9%), King Records (7,4%) e JStorm (5,9%). Al di là di questo, però, la Avex è una delle aziende più interessanti perché capitanate da produttori come **Max Matsuura** capaci di scoprire e far maturare nuovi artisti facendoli diventare in breve tempo piccole e grandi popstar. È il caso del tridente di cui parlavamo prima: ayumi hamasaki, Namie Amuro e Kōda Kumi che, insieme, hanno venduto oltre 100 milioni di dischi solo in Giappone. E parliamo di copie certificate. Certo, non sono le uniche artiste scritturate, ma rappresentano un significativo esempio del dinamismo della casa discografica. Anche perché nelle esibizioni live di queste popstar c'è sempre lo zampino e l'organizzazione dei manager Avex. E si vede.

CAPITOLO 31

O CAPITANO, MIO CAPITANO, MA QUANTO LAVORI?

L'Hall Live Tour 2014 -Bon Voyage- parte il 12 marzo 2014 a Osaka, dove rimane per quattro date, dopodiché si sposta a Ishigawa, Niigata, Aomori, Fukuoka, Nagano, Hokkaido, Hiroshima, Miyagi, Iwate, Hyogo, Kanagawa, Shizuoka, Oita, Nagasaki, Koriyama, Fukushima, Tokyo, Tochigi, Okayama, Tottori, Aichi, Yamanashi per ritornare, il 16 luglio a Osaka e poi Ehime, ancora Tokyo, Chiba e di filata a Taiwan il 16 agosto 2014. Compreso tutto? Noioso, no? Riepilogando, dal 12 marzo al 16 agosto 2014 Kumi Kōda si spara sei mesi di tournée per un totale di 45 date in giro per il Giappone. Non è una stakanovista, la maggior parte degli artisti nipponici fa un tour ogni anno, chi più, chi meno di dimensioni analoghe. Del resto tutti noi ci svegliamo quotidianamente per andare a lavorare, no? E anche quella è una professione. Artistica ma pur sempre una professione. Chi volesse scoprire le città toccate dal tour non deve far altro che digitarle su Google una dopo l'altra, vale la pena visitarle anche senza Kumi. Insomma non è mica necessario essere a San Francisco, Boston o New York per appartenere al gota della musica live moderna…

- Adesso che ci penso, mi piacerebbe vedere un concerto a Matsuzaka, diamine. Pensi che le mucche sarebbero contente? - Dico rivolto ad Ai che sorride guardandomi…
- Non lo so, dipende dal tipo di motivetti musicali. Magari con qualche pezzo lento migliorerebbe il grado di "marmorizzazione" della loro carne. Mi sembra che in certe fattorie del Trentino Alto Adige le vacche producano più latte ascoltando musica classica. Oppure no?
- Credo di si, ma in questo caso specifico, più che di latte si tratta di carne, ciccia e libidine…
- Eh?!
- Tranquilla, parlavo del concerto di ieri sera. Tanto per cominciare, Kumi entra in scena seduta sopra un'enorme ancora da vascello indossando un'uniforme della marina, anzi, da ufficiale di alto bordo…
- E poi?
- E poi te lo devi vedere, che diavolo! Posso solo dirti che al ventiduesimo minuto si trasforma in una principessina turchese con coroncina swarovski che galleggia a mezz'aria sostenuta da una poltroncina di design in plexiglass luccicante! Il brano che canta è **Ai no Uta,** (ovviamente trascritto in Romanji *) che dovrebbe significare Canzone d'amore - Song of Love).
Ho dato uno sguardo online e la traduzione approssimativa del testo dovrebbe essere…

«Se tu dovessi esprimere un solo desiderio, cosa vorresti ora? Dimmelo dolcemente. Anche se non possiamo dire che questo amore è per sempre, solo per ora, menti e cerca di farmelo credere con parole che scivolano via…»
«Quando questa canzone d'amore riecheggerà, brillerà una luce nel cielo della notte e si unirà a tutte le altre affinché riesca a raggiungerti in qualsiasi posto tu sia. Lontano o vicino».

- Be', non molto significativo, - sottolinea Ai...

- Già, forse smielatissimo, ma la canzone è coinvolgente. Prima m'ero scordato di dirti che il concerto si apre con un filmato in cui il Capitano di Vascello Kumi fa una sorta di preludio al suo viaggio-concerto (che è anche il titolo dell'album *Bon Voyage*), con tanto di voce narrante in francese e sottotitoli in giapponese...

- E cosa diceva?

- Ehm, credo di non aver capito nulla visto che sono italiano, mastico poco francese e di giapponese ho solo te! Ma penso di aver contato almeno quattro grandi alberi centrali per le vele in stile Amerigo Vespucci, tanto per intenderci...

- Inoltre ho visto tanti bambini in braccio alle loro mamme che salutavano il capitano Kumì, con l'accento sulla "i", come pronunciate voi!

- La lingua giapponese non ha accenti, - ribatte lei, - è sillabica!

- Lo so, ma è come se li avesse! Almeno per un romano come me. Fatto sta che la bambina kawaii mi ha commosso. Non è la prima volta che noto la presenza di neonati e intere famiglie a concerti pop, rock e rythm'n'blues nipponici. Una cosa rarissima dalle nostre parti, soprattutto per i rischi che correrebbero in certi casi. Pensandoci bene, c'è la stessa differenza che passa tra gli stadi di calcio inglesi e quelli italici. Hai mai visto famiglie e bambini piccoli dalle nostre parti?

- Sicuramente in tribuna, dubito ce ne siano tanti negli altri settori...

- Invece da voi, famiglie e bambini vanno ai concerti rock e, da quello che vedo, se la spassano un mondo. Anche quelli che non partecipano. Ho visto bambini appisolati sulle spalle delle loro mamme, con tanto di cuffie isolanti sulle orecchie, tipo quelle che usano negli aeroporti, sulle portaerei o per i lavori stradali. Le ho viste, sai? Incredibile, bellissimo, grande popolo che siete. Equipaggiati ad arte e organizzati per ogni evenienza.

- Non sempre, non esagerare, i problemi sono ovunque, - mi ricorda lei. - Ma il concerto com'è finito?

- Be', ricordo che al 54° minuto appare nuovamente il filmato dei "sette mari". A bordo del vascello, il Capitano Kumi incontra il suo alter ego corsaro, una specie di Kumi-pirata dei Caraibi, bellissima e selvaggia, stile Johnny Deep al femminile...

- Davvero?

- Confermo. E ovviamente finisce a spadate in stile chambara (i film di cappa e spada giapponesi), non a katanate, eh? Le ho controllate bene, erano spade vere e proprie, nella finzione cinematografica del filmato ovviamente. Ma con Kumi non c'è spada che tenga. A proposito, i pirati giapponesi sono mai esistiti? Sandokan stava proprio da un'altra parte stando ai miei confusi ricordi scolastici.

- Esistevano, certo che sì, si chiamavano Wako, erano corsari medievali che proliferavano al largo di Shikoku. Secondo gli storici si unirono a loro anche dei brutti ceffi provenienti dalla Corea e addirittura dal Portogallo. Nel XIII secolo i Wako infestavano le coste di Corea, Cina meridionale e tutto il sud est asiatico. Sembra che fossero pirati senza codice d'onore capaci di saccheggiare ed estorcere qualsiasi cosa a chiunque. Non certo samurai, anche se sapevano combattere altrettanto bene...

(*) Rōmaji: sistema di traslitterazione che utilizza le lettere dell'alfabeto latino per la romanizzazione della lingua giapponese.

CAPITOLO 32

CRANK THA BASS,
RAPPA CHE TI PASSA!

Non c'è spada che tenga, Kumi è un pirata wako, un capitano e soprattutto una CRANK THA BASS, una smanettona, un'eccentrica feticista del basso dance. Basta lasciare il trialbero in secca per un attimo ed ecco trasformare la nostra amica in un'idol hip-hop dance. A esattamente un'ora, 4 minuti e 45 secondi del suo concerto scendono in campo gli i-Tablet, come li ho ribattezzati. L'avete mai vista una coreografia, un balletto dance con ben sei iPad-tablet e altrettanti iPaddoni giganti proiettati su videowall? E con loro anche sei ballerini vestiti di nero, sei men in black che li agitano abilmente ballando nel buio? Il risultato è originalissimo. All'interno degli i-Tablet - che sembrano muoversi da soli sul palco attorno a Kumi - appaiono le inquadrature delle telecamere di scena. Primi piani della nostra star, strofe del brano **LOL** che l'artista canta proprio in quel momento e altrettante visioni allucinate. Poi gli i-Tablet si moltiplicano diventando **12** (due per ognuno dei sei ballerini in black che li manovrano) più altri otto proiettati sui videowall. L'effetto è talmente riuscito che, nota dopo nota, i tablet si trasformano anche... in apparecchiature radiologiche! Benvenuti al reparto di radiologia diagnostica Kōda Kumi. Produciamo tutto quello che volete, raggi X-Koda a scopo terapeutico, ecoKumi e tomo-Kōda-grafie computerizzate, risonanze magnetico-incantatrici e scintillografie musicali. Noi la chiamiamo radioKōdaterapia. Convenzionale e non convenzionale. E fa bene, diavolo se fa bene. Scherzi a parte, almeno sei dei 12 i-Tablet passano ballettando davanti al corpo di Kumi mostrandola com'è fatta veramente dentro. Proprio come mamma l'ha creata! Senza la pelle però. Solo le ossa, anzi, lo scheletro intero. Gli i-Tablet salgono piano piano e mostrano falangi, tarso e metatarso, perone, tibia e rotula, sacro, coccige e ileo. E poi radio, ulna e omero. Continuano sempre più come fossero dei dispositivi radiografici indiavolati rivelando vertebre lombari, costole, sterno, scapola, manubrio, clavicola, vertebre toraciche fino al gran finale con mandibola e cranio! Lei c'è proprio tutta e i fan si leccano i baffi, almeno gli uomini (che in Giappone non li hanno per nulla). Pensate sia finita qui? Nemmeno per sogno, perchè arriva anche la scansione della materia grigia, la radiografia del cervello in diretta su i-Tablet. E anche lì sembra proprio che la materia cerebrale non manchi. Tutto al suo posto, come e più delle "chiappe" e degli occhi verdi, penso io, ma lasciamo perdere...

- Una cosa originale, eh già, davvero, proprio una cosa da non perdere, - esordisce Ai.
- Pensavo che lo immaginassi, - replico. - I ballerini passano i tablet davanti a Kumi che canta e sui display appare la sua "radiografia" finta, naturalmente...
- No, mi spiace, non lo immaginavo. Penso che "te la sei immaginata"

tu, per entrambi, - ribatte ironicamente. - E sin troppo! No?

- Non posso negarlo, nonostante il tripudio di ossa i-Tablettizzate. Vabbe', al di là del tuo velato sarcasmo la cosa non finisce qui perché il videowall, a un certo punto del concerto, sottolinea a caratteri digitali cubitali **WHO'S THE BAD GIRL?** (Chi è la cattiva ragazza?)

- E chi altri, se non lei? - Commenta infastidita Ai...

- Hai poco da fare la spiritosa. Più che cattiva lei è ribelle. Perché quello è il classico momento della scelta, tra il pubblico presente, dei due o quattro fortunati che salgono sul palco per vivere un'intera canzone accanto alla loro popstar preferita. E si tratta di un brano apparentemente equivoco intitolato **XXX!** Però, a parte qualche moina e smorfia sensuale coi due fan, fila tutto liscio, in sala ci sono pur sempre dei bambini e tutti aspettano **Loaded** *(featuring Sean Paul)*, ennesimo brano a seguire. E qui il ritmo digital dancehall un po' break con richiami hip-hop-rap è inevitabile. Sean Paul, il cantate raggamuffin giamaicano amico di Beyoncé vive, dunque, anche vicino a Kumi, lo sanno negli States, un po' meno dalle nostre parti.

- Ne parli quasi esaltato, nemmeno fossi un suo fan...

- Non lo sono, ma ti giuro che, a un certo punto del concerto, ascoltando questo pezzo, mi è venuta in mente l'associazione di idee più dissacrante (almeno per gli amici puristi) che il mio cervello abbia mai elaborato.

- Ossai?

- "Ossai"? Ossai è napoletano! Ossia, invece, è... "LOADED" = "Give peace a Chance", hai presente il gioiellino di John Lennon?

- ?!?!?!?

- Immaginavo che avresti sgranato gli occhi, ma la penso proprio così. "All we are saying is give peace a chance", cantava Lennon e rivedo nella mia memoria le immagini di *Fragole e Sangue*, il film culto della mia generazione...

- Ma non era del 1970?

- Sì, certo. La storia di Simon, lo studente universitario della squadra di canottaggio che partecipa allo sciopero all'Università di San Francisco. Il rettore cede ai militari i terreni destinati agli afroamericani e loro protestano. Così *Give Peace a Chance*, inno del movimento pacifista viene ritmato da migliaia di mani sul parquet della palestra di basket. La Guardia nazionale entra e, con la complicità del fumo dei gas lacrimogeni, pesta tutti. Una scena mitica. E anche se Simon e i suoi amici erano attratti più dalle ragazze che non dalla politica, alla fine le pigliano tutti di santa ragione e nello stesso modo. A suon di musica.

- Non vedo l'anologia...

- L'ana-logia, mia cara. Ano significa sedere, culo, ass, back, capisci? Tornando alla narrazione, eccoti la mia associazione di idee. **Give Peace a Chance** era l'urlo di battaglia dei giovani di allora, ribelli e contestatori, mentre **Loaded** è l'urlo di liberazione dei ragazzi di oggi. Famiglie incluse. L'urlo, il refrain di liberazione dalla noia della routine quotidiana. Come a dire, quello che stato è stato, scordiamoci o' passato, che il mondo adda cambià! E il mondo va sempre avanti, Ai! Che ci piaccia oppure no!

- Penso tu sia un po' fuori di zucca...

- Sicuramente. Ma pensaci quando avrai un attimino di tempo. Concludendo e tornando alla performance live, tutto quello che mi rimane ancora in testa è l'ending del concerto (fa figo dire *ending*, vero?), in cui vanno tutti a casa sulle note di **WALK.** Lei cammina vocalizzando note che sembrano uscite da una canzone di Whitney Houston, non scherzo. Anzi, forse Kumi è la sua reincarnazione, la Whitney giapponese. Non uguali, lo dico con rispetto e devozione verso uno dei miti musicali della mia gioventù, ma sicuramente similari. Ascolta anche tu e medita. E non guardarmi come se fossi impazzito...

Ascolta e vai oltre, penso dentro di me. E il peluscione di Hello Kitty che fa capolino dalla mia libreria sembra quasi annuire in tal senso.

HELLO KITTY, UNA TENERISSINA DEEJAY! E CHI SE LO IMMAGINAVA?

"Hello Kitty è un personaggio dei fumetti, un'amica, una dolce e tenera ragazzina, ma non una gattina. Non viene mai raffigurata su quattro zampe. Hello Kitty cammina e si siede proprio come tutti noi, in piedi con le sue due gambe". Quest'annotazione della Sanrio, azienda specializzata in libri, giocattoli, animazione e licensing, dice la sua a proposito dell'introduzione scritta dell'antropologa Christine R. Yano per la mostra "Hello! Exploring the Supercute World of Hello Kitty" indetta - dall'11 ottobre 2014 al 26 aprile 2015 scorso - al Japanese American National Museum di Los Angeles, in California, dedicata proprio al celebre personaggio del Sol Levante. Guai a definire Hello Kitty come una gatta! Perché non è così.

Yuko Shimizu, nel 1974, disegna questo personaggino senza bocca sopra un portamonete. Dopodiché, anno dopo anno, Kitty diventa un fenomeno planetario di fumetti, cartoon e merchandising con oltre 50.000 prodotti distribuiti in 60 paesi diversi. La giapponese Sanrio, dunque, mette i puntini sulle "i", anzi, sulla Kitty. E ci mancherebbe altro. "Hello Kitty è un'antropomorfizzazione, ovvero una personificazione sul genere di Topolino che nessuno confonderebbe per un essere umano ma che, al tempo stesso, non è nemmeno un topo. La stessa cosa vale per Kitty, che non è un essere umano, né tanto meno un gatto", hanno precisato i solerti funzionari della Sanrio. Giusto, corretto, ci mancherebbe altro. Ma quello che non hanno specificato bene, nel nome della musica, è che la tenera Hello Kitty è anche una deejay. Porca paletta. Insomma, personaggio leggendario, dal 2008 ambasciatrice del ministero del turismo giapponese (vista l'enorme popolarità in Cina e Corea), icona e brand incredibile con una mano (guai a dire zampa) sulla jog della console da deejay. Bellissimo! Ve la immaginate DJ Hello Kitty alle prese col pitch control mentre velocizza o rallenta un pezzo? Immagino che lo faccia soprattutto per i beatmix. Certo che con la sua zampina deve aver fatto molta pratica per afferrare e ruotare bene quella rotella a forma circolare che gli addetti ai lavori chiamano jog. Però il mondo va così. Per chi fosse curioso consiglio la sua entusiasmante apparizione durante l'*ayumi hamasaki Countdown Live 2013-2014,* c'è anche un significativo Blu-ray in commercio. DJ Hello Kitty entra, saluta e la platea esplode. Dopodichè il resto è divertimento. Col comando cue definisce il taglio del brano sul ritornello (o sulla strofa che sia), tenendolo pronto per essere sparato a suo piacimento. Col filter gli dà una botta di equilizzazione, magari enfatizzando gli 80 e i 120 Hz (alzando di qualche db anche i 16 Khz) per pompare alla vecchia maniera le basse frequenze mettendo a dura prova i bordi di sospensione degli altoparlanti. A questo punto con un colpo di jog va un pelo avanti, fa entrare la strofa tagliata e al volo imposta anche un loop infernale praticamente perfetto. Lo ripete, lo ripete e lo ri-ripete mixandolo velocemente con una dose di effetti elettronici ad hoc. Saranno quelli di Virtual DJ o di Tracktor? Noooo, roba vecchia, lei è Hello Kitty, che diavolo! I suoi effetti digitali parlano in hiragana e katakana, non c'è dubbio. Al di là degli scherzi e delle descrizioni immaginarie, la presenza scenica lascia senza fiato: un character alto almeno due metri, stile Topolino in posa fotografica a Disneyland, abbigliato con tutina rosa da deejay, visiera alla moda e console a portata di mano! Bella e coreografica.

PS. Per onor di cronaca Dj Hello Kitty ha esordito con il Cd *DJ Hello Kitty In The Mix* nell'ottobre del 2010. Da allora in poi le sue esibizioni in club, concerti ed eventi di ogni tipo si sono moltiplicate fino a diventare una vera e propria icona presente anche nei programmi televisivi nipponici.

CAPITOLO 34

LEO IEIRI, UNA LEONESSA DAL CUORE D'ORO...

Hello Kitty è un'icona planetaria. Penso stamattina, più o meno come Léon e Mathilda, il gigante e la bambina della favola metropolitana per eccellenza. Una storia tenera e tremenda allo stesso tempo. Lui è il sicario perfetto: nessuno lo conosce e nessuno riuscirebbe mai a immaginare i retroscena della sua esistenza solitaria. Vive a New York, si nutre di latte, dorme a occhi aperti. Lei è la personificazione dell'innocenza divenuta dolcezza: i suoi incubi quotidiani sono gli stessi con cui convivono gli abitanti persi nella realtà periferica della Grande Mela. Quando qualcuno massacra la sua famiglia, Mathilda giura di fargliela pagare. E diventa un'aspirante killer di soli dodici anni. Per vendicare la morte del fratellino non c'è alternativa: subito da Léon, lezioni private a domicilio! Il maestro sicario, via di mezzo tra Terminator e Bambi, è l'unico capace di aiutarla, proteggerla e consigliarla. Imparare a uccidere non è facile, ma dal momento del loro incontro, i bassifondi di New York non saranno più gli stessi. Film imperdibile, del lontano 1994 diretto da Luc Besson con Jean Reno, Natalie Portman e Gary Oldman. Film che ispira Leo Ieiri, anno 1994, cantautrice di appena 20 anni di Kurume, prefettura di Fukuoka ad attribuirsi il nome d'arte LEO. Del resto il nome vero è REO, basta una consonante per cambiare un destino? Può darsi. Perchè il suo nome è anche un omaggio a *Kimba the White Lion,* manga prima (dal 1950 al 1954) e anime dopo (serie animata dal 1965 al 1966 riproposta più volte fino al 2009). *Kimba il leone bianco* fu trasmesso in Italia, per la prima volta, nel lontano 1977, ed è stato il primo anime televisivo irradiato a colori in Giappone. Kimba, a guardarlo bene, ha gli occhi proprio come quelli di Leo, almeno così dicono di lei. Insomma, cuore da sicario e occhi da leone. Ma soprattutto grande verve musicale. Leo Ieiri è una specie di Avril Lavigne giapponese mixata con decisi pizzichi di Vanessa Carlton, Michelle Branch e - perché no? - anche di Elen Levon e Demi Lovato. Ma Leo è soprattutto autrice di due meravigliosi album e una serie di concerti live semplici semplici ma efficaci come il recente - *a boy - 3rd Live Tour del 2014*. Leo è un tipetto tosto, non c'è che dire. Voleva essere una cantate già da quando aveva tredici anni. E c'è riuscita in breve tempo. Nella primavera del 2011 lascia Kurume e sbarca da sola a Tokyo dove, oltre all'high school, continua a fare musica fino all'incontro con Yoshihiko Nishio, manager di nomi famosi in Giappone come Ayaka e Yui. Il 30 dicembre del 2012, nell'ambito del 54th Japan Record Award, Leo si aggiudica il Best New Artist Award in una cerimonia trasmessa anche dall'emittente televisiva TBS. Tipetto tosto e intraprendente, dicevamo. Lo vedi da come s'impegna sul palco. Certo, scenografie e spettacolo non sono ancora quelle di ayumi, il genere musicale è anche assai diverso, ma le premesse per una carriera sfolgorante ci sono tutte. Tipetto tosto e musicalmente coinvolgente. Una samurai in erba capace di resistere per ore sul palco senza il minimo tentennamento. Anche senza il supporto coreografico di impegnativi show ultraspettacolari. Lei è una che non si tira indietro mai, una specie di Hiroo Onoda del Jpop. Paragone impossibile, vero, ma associazione di idee inevitabile. Almeno nella mia testa.

CAPITOLO 35

HIROO ONODA, UNA LEGGENDA CHE HA FATTO IL GIRO DEL MONDO!

"L'ultimo giapponese nella giungla...", l'uomo che resiste a oltranza fino all'ultimo. Un modo di dire entrato nel linguaggio comune. Frutto delle gesta di uomini come Hiroo Onoda, l'ultimo giapponese della giungla, l'ufficiale dell'armata imperiale che non riconobbe la resa del 1945 e continuò a combattere fino al 1974, nelle Filippine. La guerra di Onoda finì quasi trent'anni dopo la sconfitta di quel Giappone divenuto poi la seconda potenza economica mondiale (superato solo negli scorsi anni dalla potente ed emergente Cina). Tenente dell'intelligence, poliglotta, specializzato in tecniche di guerriglia, Hiroo Onoda fu inviato sull'isola filippina di Lubang per ostacolare l'avanzata nemica. "Non arrendetevi, aspettate rinforzi", erano gli ordini. E Onoda obbedì. Il 28 febbraio 1945, dopo un attacco che annientò le forze giapponesi, Onoda e i tre commilitoni Yuiichi Akatsu, Shoichi Shimada e Kozuka Kinshichi diventarono dei fantasmi sulle montagne locali.

Nel 1949, Akatsu, dubbioso, abbandonò il gruppo e si arrese. In quel modo il mondo seppe che un'unità segreta dell'armata imperiale resisteva ancora. Per tirarli fuori dalla giungla non bastarono volantini, foto e lettere dei familiari. Shoichi Shimada e Kozuka Kinshichi furono uccisi in scontri a fuoco con la polizia locale tra il 1954 e il 1972. E Alla fine, per stanare Onoda fu necessaria una missione comandata dal suo ex maggiore Taniguchi che riuscì a ritrovarlo. Lui non sapeva che la guerra era finita. Aveva degli ordini da rispettare e l'onore da mantenere. "Ogni soldato giapponese era pronto alla morte, ero un ufficiale dell'intelligence e l'ultimo ordine era quello d'intraprendere imboscate e azioni di sabotaggio e guerriglia", raccontò in un'intervista nel 2010. Il resto è storia. Una storia con cui andarono a nozze i media americani. Alla fine, per evitare imbarazzi, tutti finsero di credergli, durante la cerimonia di resa Onoda consegnò a braccia tese la sua spada al presidente filippino Ferdinand Marcos, a Manila, poi s'inchinò come nei film di Hollywood. E Marcos lo graziò per l'uccisione di trenta filippini, ben trenta nemici di Onoda. A quel punto il tenente Onoda emigrò in Brasile, scrisse un libro di memorie e poi tornò in patria per fare quello che nessuno, meglio di lui, sapeva fare: una scuola di sopravvivenza per insegnare ai ragazzi come accendere fuochi, costruire ripari di fortuna, curarsi da soli e resistere alle avversità del destino. Resistere, resistere, resistere!

L'epilogo inevitabile arriva il 16 gennaio 2014, a Tokyo, giorno in cui si spegne un uomo di 91 anni che aveva combattuto, per 29 primavere di fila, una guerra che per il mondo intero era finita: il tenente giapponese Hiroo Onoda.

"Sventurata la nazione che ha bisogno di eroi", sosteneva Bertolt Brecht. Sventurata la terra che **non ha bisogno** di eroi, pensano al contrario persone comuni come il sottoscritto. Il motivo è semplice.

La nazione che **non ha bisogno** di eroi ha semplicemente abdicato a se stessa scegliendo d'imboccare la strada della sua decadenza. Gli eroi, in certi casi, sono necessari, quasi indispensabili perché fanno da esempio, temprano gli uomini, li riscattano dalla mediocrità e li fanno sognare. E quando sono "super", allora è ancora meglio. "Super" come il Saitama "Super" Arena, ovviamente. Potrebbe essere diversamente?

CAPITOLO 36

SOUTHERN ALL STARS, "SUPER" VETERANI D'ALTRI TEMPI.

Dimmi chi sei e ti dirò da dove vieni. Nel lontano marzo del 1974, dalla giungla filippina viene fuori un uomo di 50 anni con l'uniforme consunta, le stesse mostrine del 1945, il berretto strappato e lo sguardo stanco ma fiero. Analogamente, il 25 giugno del 2013, nel giorno del loro 35° anniversario, i "veterani" Southern All Stars annunciano il ritorno sulla scena musicale, un nuovo singolo e un incredibile Outdoor Stadio Tour di 9 show in 5 diverse città nipponiche, da Kanagawa, passando per Hyōgo, ancora Kanagawa, Aichi e Miyagi per un totale di oltre 350mila spettatori presenti. Insomma, prima o poi i veterani tornano sempre all'ovile. Perché loro resistono, resistono, resistono sempre. Al di là di mode passeggere e tendenze musicali. "Resistono" e rimangono sulla breccia per anni, aleggiano nell'aria come fantasmi e si materializzano al momento opportuno. Certo, non nello stesso modo del tenente Hiroo Onoda, ci mancherebbe altro. Anche se sempre di "battaglia" si tratta, quella del rock'n'roll! E quando si parla di pop, soft, blues e soprattutto surf-revival rock anni '60 e oltre, i Southern All Stars hanno pochi rivali. Questi veterani del surf-pop del Sol Levante hanno sempre deliziato il prossimo con il loro misto di sonorità a metà strada tra Creedence Clearwater Revival e Little Feat, Beach Boys e Paul Anka. Dik Dik ed Equipe 84! In particolar modo grazie alla voce e il talento del leader e cantante

Keisuke Kuwata. Messo in piedi a metà anni '70 il gruppo raggiunge il vertice della classifiche giapponesi nel 1978, col singolo *Katte ni Sindbad*. Detto così sembra poca cosa. Ascoltarli, però, è un altro paio di maniche. Larghe, molto larghe, a zampa d'elefante anni '70. Basti pensare a *Ya-Ya*, quando la senti credi che siano tornati i Dik Dik direttamente da Sanremo, oppure i Camaleonti di *Perché ti Amo*. E se non è sufficiente puoi sempre ascoltare *You,* uscita quasi dalla maestria melodica di Barry Manilow, da quel sound fresco, da spiaggia, stile all night summer long west coast anni '60. Né più, né meno come *Moon Light Lover* tutta spiaggia-relax-baci e abbracci o *Rock'n'Roll Superman,* tratta dalla parola del Signore del Vecchio Testamento del rock'n'roll. In *Never Fall in Love Again,* che non è quella di Burt Bacharach, invece, per un attimo ci senti anche qualche eco che ti rammenta le melodie di America ed Eagles. E vederli dal vivo è ancora uno spasso in più. Veterani un po' in là con gli anni, vero, ma non certo dei dinosauri di epoca giurassica...

CAPITOLO 37

"ONCE UPON A TIME", MA I SIMPLE MINDS NON C'ENTRANO...

C'era una volta, circa 130 milioni di anni fa, nel Cretacico inferiore, in Australia, un pacifico dinosauro erbivoro. Il suo nome? Minmi (da Minmi Crossing, località australiana dove furono rinvenuti i resti). Gli studiosi ipotizzano che il Minmi, detto paravertebra per via dei cordoni simpatici paravertebrali, fosse lungo a malapena due metri, poco slanciato e alto nemmeno la metà di un uomo. Poco avvezzo alla corsa, considerate le zampe corte, il Minmi era dotato di una corazza ossea a protezione del cranio e di altrettante placche di tessuto connettivo su schiena e fianchi, capaci di creare un guscio inaccessibile. Era un creatura guardinga, ma pacifica, che amava consumare pranzetti a base di felci e arbusti commestibili rimanendo al riparo della sua armatura. Poi, che il Minmi fosse un "nodosauride della famiglia degli anchilosauri" come sostengono gli esperti o che appartenga a una specie "tutta nuova di tierofori gondwanici", come dicono altri scienziati, conta poco (e ne capisco ancora meno). Perché MINMI è, soprattutto, il nome di un'altra creatura musicale venuta fuori dal secolo attuale. Anche lei pacifica, forse vegetariana e degna dell'attenzione degli studiosi di famiglie e generi musicali. MINMI nasce l'8 dicembre del 1974 a Osaka, comincia a suonare il piano a soli cinque anni e muove i primi passi della sua carriera fra showcase e happening organizzati dai vari club musicali di Osaka. Lei ama l'hip hop, il "soca" e il reggae, ma la sua ambizione è quella di diventare una cantautrice. Così, giorno dopo giorno, si mette in pista e lavora al sound personale finchè, nel giugno del 2002, arriva il singolo *The Perfect Vision* chc vende più di 500.000 copie e le consente di accedere ai network radiofonici più popolari. Irradiato nell'etere il pezzo funziona e le cose vanno bene. MINMI scritto tutto maiuscolo, come logo comanda, mescola hip hop, rap, raggae e ritmici caraibici. Ma non disdegna refrain "saudade" che, in certi momenti, sembrano usciti dal Carnevale di Rio o da qualche spartito di Bossa Nova stile Joao Gilberto. Fatto sta che all'inizio ti lascia un po' disorientato, poi capisci che le sue note spaziano molto dall'hip hop in avanti e creano anche significati musicali a loro modo originali. O, per meglio dire, non è certo questo il sound che - stereotipamente parlando - ti aspetteresti da un'artista nipponica. Però il senso di queste pagine sta tutto qui, scoprire, capire e cercare di trasmettere al prossimo quello che comunemente è arduo da immaginare e credere...

- Non posso dirti molto, questa MINMI non l'ho mai sentita nominare, anche perché noi di Yokohama siamo un po' distaccati rispetto a quello che arriva da Osaka, - esordisce Ai.
- Si lo so, ne abbiamo parlato via mail qualche mese fa, ricordi? In Giappone come in Italia e nel resto del mondo è sempre la stessa storia. A Tokyo e vicinanze non comprendete bene le inflessioni dialettali dell'altra sponda nipponica, vi lamentate perché quando vengono a lavorare dalle vostre parti continuano per mesi a parlare in slang tra di loro, spesso sono un po' caciaroni e amano improvvisare più di quanto prevedano i vostri canoni di comportamento. Okay. Niente di più, niente di meno di

quello che accade tra romani e milanesi. Oppure tra napoletani e torinesi. O magari tra siciliani e toscani. Stereotipi a parte, però, qui parliamo di musica. Hip hop e soca in particolare…

- Soca? - Mi interroga lei guardandomi un po' interdetta…

- Sì. **So**ul più **cal**ypso uguale **Soca**. È il sound di Trinidad, ma anche quello delle Barbados, Santa Lucia, Antigua, Piccole Antille, Saint Vincent e Grenadine. Melodie calypso e percussioni acustiche ed elettroniche prettamente Soul amalgamate tra loro. Tamburo e grancassa, spesso, accompagnano la voce da soli. Soprattutto ai Caraibi. Ma fuori dalla spiaggia non mancano drum machine, sintetizzatori chitarre elettriche e intere sezioni fiati fatte di trombe, tromboni e sax a sottolineare ritmi e melodie soca.

Lei continua a osservarmi e così rincaro la dose…

- Prendi il mio iPod e vai a sentirti il pezzo *Positive Ondo - D.P.P. (feat. Shingo)*, vedrai che capirai. Credo sia del 2006, vecchiotto ma illuminante. Poi, se proprio vuoi proseguire sulla via dell'illuminazione puoi spararti anche altri brani meno frenetici ma altrettanto belli come *Lalala - Ai-No-Uta* semi brasilianeggiante stile Capocabana e poi *Chika-No-Theme*, più hip hop ma di classe e la splendida *Ribbon* che, credimi, volendo potrebbe averla scritta e interpretata Alicia Keys. Pensandoci bene, non dimenticarti nemmeno della prima track *Lavender* che non stonerebbe in bocca a Dido, Ozark Henry oppure i Clean Bandit. Se poi la cosa ti coinvolge e vuoi sturarti le orecchie ulteriormente clicca col dito sull'ultimo album *Bad* del 2014, molto più sofisticato in fatto di electropop a tutto looping, o "luppatissimo" come amo dire, con tanti effetti super campionati con loop station interpretati alla Nicki Minaj che, guardacaso, è una rapper trinidadiana naturalizzata yankee. Sempre sull'album *Bad* puoi divertirti anche con pezzi come *EZ*, lo stesso *Bad* e poi *Monster Summer* o quella *Walk-in closet* superba come nemmeno Ariana Grande o magari Rita Ora saprebbero gorgheggiare!

Silenzio e perplessità. Ai sembra quasi ipnotizzata e con lo sguardo fisso nel vuoto. Così per rompere gli indugi (e anche il silenzio) metto fine a tutto sparandone una delle mie…

- E poi, per dirtela tutta, a guardare bene la foto della cover del suo album *Bad*, alla fin fine non posso far altro che commentare in un solo modo: viva la soca, che Dio la benodoca!

ALIVE AND KICKING,
VIVO E VEGETO CON UN SOGNO IN TESTA

La nostra vera patria non è quella dove siamo nati, ma quella che ha fatto di noi delle persone migliori. Ancora oggi devo capire qual è la mia, perché ho qualche perplessità. Ma poco importa. La vera patria - in fondo - è un po' come l'America dei sogni da ragazzo, non c'è nessun bisogno di appartenerle o di viverci veramente, ma di caldeggiarla, tenerla dentro come una via di fuga, un sogno bello soprattutto perché vagheggiato. L'esperienza insegna che ogni cosa, anche la più bella, perde il suo fascino con la scoperta dei suoi segreti più intimi, dei suoi misteri. Allora meglio tenere tutto lì, vivo, vegeto e bramato per sopravvivere con una manciata di speranza in più. Con un desiderio che tiene occupata la mente. Anche se i sogni sono più belli quando diventano veri, dicono molti. Certo. Ma per farli diventare reali devi continuare a vagheggiarli tenendoli vivi, dicono altri. "Dreams Come True" direbbero gli americani. I giapponesi, invece, i Dreams Come True già ce l'hanno. Anche se è difficile crederlo.

L'altro giorno ho cominciato a scegliere una manciata di brani per una delle mie tradizionali playlist Made in Japan che ogni tanto mi diverto ad assemblare. Ottime da regalare agli amici o da ascoltare in auto. Be', dopo alcuni tentativi con diversi artisti, alla fine come pezzo apripista ho inserito *The Chance To Attack With Music* seguita a palla da *One Last Dance, Still In A Trance*. Erano praticamente attaccati, ma non li avrei separati per nessun motivo, erano concepiti e realizzati per vivere insieme, come in un sogno rhythm and dance. Attenzione, però, un sogno più stile Earth Wind & Fire che non hip hop, per capirci meglio. Un sogno estrapolato dal loro ultimo album 2014 intitolato *Attack 25*. Sì, okay, si chiederà qualcuno, ma chi sono veramente 'sti signori? Su un blog di strani blateratori di Jpop ho letto qualcosa del tipo: "I Dreams Come True? Un gruppo di quelli nati per far piacere ai ragazzini!". Cavolo, mi sono detto, forse varrà la pena scrivere una manciata di pagine solo per mettere i puntini sulle "i". Per ribattere a certe valutazioni degne del più potente dei peti dell'inferno. Ce ne vuole di sbadataggine per dire simili corbellerie, bisogna davvero aver ascoltato poca musica nella vita per sostenere certe tesi. Ma poi, d'un tratto, rammento che internet, per certi versi è anche il regno della "frescaccia", il posto dove chiunque la spara più grande che può senza riflettere nemmeno per un attimo. Nemmeno sulla dignità personale, quella degli stessi che scrivono cose poco avventate.

CAPITOLO 39

DREAMS COME TRUE, WONDERLAND 2011!

Potrei parlare di esibizioni più recenti, ma quella del 2011 mi è rimasta impressa nella mente. "Nando-Demon, Tacci-Agarì Ucoiooo!". Se non lo senti non ci credi. Nell'attimo in cui Miwa Yoshida intona la prima strofa quasi inghiotto il chewing gum. La musica non è ancora partita. Ma la simpatia è già a mille. ***Nando-demo*** (何度でも) più che un brano è un concentrato di amabile musicalità. L'evento live pure. Siamo al *Dreams Come True Wonderland 2011,* il concerto che, ogni quattro anni, celebra due artisti bravi e divertenti come Miwa Yoshida e Masato Nakamura. Pochi attimi dopo il suo attacco vocale, imbracata a mo' di salame, Miwa sorvola il pubblico come fosse lo storico Memphis Belle statunitense. In realtà più che di un aereo si tratta di un angelo che cabra alzandosi leggermente, virando poi a destra, sinistra e rigettandosi in picchiata radente sul pubblico riatterrando con decisione sul palco. Siamo solo all'inizio, penso. E anche la telecamera che gli ruota intorno a 360 gradi cambia punto di vista ogni tre secondi. Continuo a sorridere, da romano, a proposito della scansione sillabica delle parole iniziali: "Nan-do De-mon Ta-cci Aga-rì U-coiò!". Diavolo!

Ma Nando dov'è andato stasera? E quel De-mon, ha qualcosa a che vedere con la mitica Crudelia? In quel caso dove sono nascosti i mitici 101? Il pezzo che viene dopo ha un titolo incomprensibile per me (朝が また来る), ma in romaji la trascrizione è *__Asa ga Mata Kuru.__* Sono estasiato, somiglia tanto ad *Hakuna Matata,* la locuzione swahili resa celebre dal Re Leone Disney, ma la musica è sicuramente meglio, non c'è dubbio. Questo è soul puro, ragazzi, musica dell'anima in prima persona senza contaminazioni hip hop o elettrodance. Almeno temporaneamente, visto che non c'è proprio tempo per farsi venire troppe cose nella testa. Sul palco sta succedendo di tutto. C'è la motiplicazione di ballerini e ballerine. Tutti gradevolissimi e un po' burloni come la giacca technicolor di Masato Nakamura, professione bassista e autore, spalla di Miwa, secondo e ultimo membro della band che, fino al 2002, aveva tra le sue fila anche Takahiro Nishikawa alle tastiere. Conoscere il motivo del ritiro di Takahiro dalla band non è affar mio, perché sono troppo impegnato a ridacchiare osservando i tre ballerini, Shige, Keita e Ino-D che volteggiano su loro stessi ancheggiando clownescamente dietro Miwa Yoshida durante *__Osaka Lover__* ed *__Eyes To Me.__* Però ALT! Semaforo rosso, fermi tutti per due minuti. Alla batteria c'è una strana ragazza dalle lenti incastonate su montatura nera, stile sensual corporate secretary. Non è bella, ma intrigante. Il suo nome è Satoko. E come picchia lei su rullanti, tom, grancassa e charleston non picchia nessuno. (A parte Meg White dei White Stripes, forse). Nello stesso tempo mi viene in mente Candy Dulfer. Ma cosa c'entra? Lei suona il sassofono. Avrà mai provato anche con la batteria? Chissà. Fatto sta che al 38° minuto del Wonderland 2011 il sole comincia a calare sull'Ajinomoto Stadium di Tokyo. Declinano le ombre e scendono pure i membri della Love Supply Brass Band. Ne conto almeno 30 all'inizio. Ma ne arrivano altri, in continuazione. Tutti giovani, giovanissimi e poco più che adolescenti. Trombe, tromboni, sax, sousafoni, clarini, clarinetti, tamburi, grancasse. Quale altro strumento manca ancora? Il retro delle loro t-shirt d'ordinanza recita *Supplied by Pocari Sweat.* In altre parole *siamo sponsorizzati da un soft drink nipponico.* Ma va bene così. All'undicesimo brano *__CARNAVAL__*, la Love Supply Brass Band imperversa. Gli Earth, Wind & Fire si presentano imaginariamente lì (gli Imagination probabilmente aspettano di entrare), il ritmo somiglia a quello di *September,* ma forse sbaglio, magari è *Sing a Song* oppure *Fantasy,* i cassetti della mia memoria sono inceppati. Eppure la domanda vera è: ma quante persone suonano sul palco ora? Forse 100? Oppure di più? Il dato reale certificato dalla cover interna delle riprese del concerto indica 303 membri totali. Ma credo si tratti dei partecipanti a tutte le date. Ma importa poco.

Quando scatta **Fall In Love Again,** 12° brano, entrerebbe anche il fantasma di Christopher Cross, questo è sottinteso. Ma pure Barry White, la sua *Love's Theme* e la *The Love Unlimited Orchestra* non stonerebbero. Insomma, la sezione fiati è un po' in stile *Let the Music Play,* la voce un po' meno. Miwa, però, è sicuramente più kawaii e sexy del corpulento e adiposo White. Anche se, a pensarci bene, *Fall In Love Again* sembra uscita più dallo spartito di Christopher Cross. Forse è per questo che la canzone si trasforma subito in un coro gospel. Mavis Staples ne sarebbe orgogliosa e bacerebbe la Yoshida sulle labbra sotto lo sguardo divertito di Heather Headley e Melanie Fiona. Ma sono solo fantasie che vanno avanti nella mia mente durante la pausa di routine. Poco dopo, al 60° minuto, Miwa Yoshida rientra sul palco in bicicletta e si fa un giretto a 180 gradi davanti a tutti passando in rassegna lo stadio come farebbero Vincenzo Nibali e Alberto Contador. Coppi ormai non c'è più, purtroppo. Ma la coppa "B" o forse la "C" di Miwa vive ancora. Senza dubbio. Forse per questo canta **Ring! Ring! Ring!** e poi **Toridge & Lisbah.** A questo punto entrano i mariachi (i Manà non erano disponibili), ma è solo un assaggio perché le note si trasformano gradualmente in salsa e ci manca solo di vedere Enrique Iglesias ballare con Miwa sul palco centrale trasformato in una sorta di ring da pugilato. Enrique ovviamente non c'è, sto fantasticando, ma Juon (dei Fuzzy Control) alla chitarra sì. E proprio lui, nel suo momento dimostrativo trasforma il ring in una sorta di quadrato funky fino all'arrivo della swingante canzone **Poison Central.** In questo preciso momento Miwa sfoggia contemporaneamente stilose orecchie da coniglietta e abitino rosso iberico flamencato con veletta nera capace di celarle delicatamente entrambi gli occhi. Tutto studiato affinché le sonorità swing tornino a essere ritmo Dreams Come True originale come **To The Beat, Not To The Beat** dimostra. Alleluja, suonano all'improvviso le campane, ma non siamo a piazza San Pietro (sarebbe bello vedere

Miwa esibirsi lì), piuttosto nei pressi di **Little Waltz,** brano valzer da festa di piazza tra i più sbarazzini che abbia mai ascoltato.

Siete esausti del reportage? Probabilmente sì, ma tranquilli, perché il brano **The Signs of Love** segna il passagio dal mito all'apoteosi. Un enorme parallelepipedo luminoso emerge dal centro dello stadio: una volta fuori, il cubo si apre in quattro diversi segmenti. E dall'epicentro s'innalza una colonna bianca, elemento portante della nostra Miwa Yoshida che rimane magistralmente in piedi sulla sua sommità imbracata - anche stavolta - come per un possibile bungee jumping musicale. Il look è esemplare. Vestitino blu tutto di tulle, organza e svolazzi vari. Ma quanta organizzazione tecnica serve per allestire un simile armamentario di effetti speciali? Oltre a cantare, infatti, Miwa decolla nuovamente per la stratosfera. In alto come nei sogni di chi la guarda in quel preciso istante. Sarà un segno dell'amore, un **The Signs of Love** come suggerisce la canzone? Non ho idea, ma il brano è da 10 e lode. Discorso analogo per il colpo d'occhio, l'ambientazione, la scenografia. Mi pongo tanti interrogativi. Si tratta di un gospel? Oppure un lento anni '60? Sembra uno slow fox, la versione lenta del fox trot, ma posso definirlo così? E poi è più Supremes oppure Wilson Pickett? O si tratta solo di sonorità Dreams Come True? E quell'enorme colonna emersa dal nulla a cosa è ispirata? Forse a quella di Piazza di Spagna? Mentre m'interrogo, Miwa continua a librarsi sopra il pubblico. Nord, sud ovest est, Max Pezzali non c'è perché questa è la dura legge di Miwa Yoshida, l'angelo che cambia rotta velocemente meglio di Dusty in *Planes 2 - Missione Antincendio.* Ma quello era un animation movie, qui volano persone in carne e ossa. E quando non volano te le ritrovi schierate a triangolo rovesciato come i battaglioni del Royal Edimburgh Military Tattoo, la parata militare che si tiene ogni anno nel Castello di Edimburgo. Almeno 50 ballerini si scatenano con un tecno-rap-dance ballet a movimento led! Led incastonati su tutti i vestiti che s'illuminano a fasi alternate in sintonia col ritmo e i colori della musica. Questione di sfumature. Non è la prima volta che vengono impiegati d'accordo, ma fanno sempre la loro porca figura... da led! No? Luci e colori che continuano fino alla fine del concerto, fino ai fuochi artificiali, veri, che lasciano gli spettatori a bocca aperta! Boom! Un altro mondo!

VOLARE, OH, OH! NELLO STADIO DIPINTO DI BLU, FELICE DI STARE LASSÙ!

"Voglio fare come Spider-Man", sembra si sia messa in testa Miwa durante la fase di studio e realizzazione del tour *Wonderland 2011*. Proprio per questo è stata ingaggiata la Fisher Technical Services, Inc. di Las Vegas, USA, che ha messo a disposizione la cosiddetta tecnica del 3D flight (volo 3D), la stessa impiegata per girare le scene di Spider-Man 2 e gli spettacoli del Cirque du Soleil. E così ha volato sul pubblico presente allo stadio a una velocità di 10 metri al secondo fluttuando a un'altezza di 19,4 metri dal suolo sotto lo sguardo vigile dei 17 tecnici addetti alle manovre di controllo e monitoraggio dei flying effect. Tanto per capirci bene la Fisher Technical Services, Inc. è il provider usato per le loro tournée da nomi dello spettacolo come Kate Perry *(Prismatic World Tour)*, Lady Gaga *(Artrave The Artpopball)*, Beyoncé *(The Mrs. Carter Show)*, The Rolling Stones *(50 & Counting)*, Madonna *(MDNA)*, Robbie Williams *(Take The Crown)*, Justin Timberlake *(The 20/20 Experience)*, Bon Jovi *(Because We Can Arena)*, Kylie Minogue *(Aphrodite Les Folies)* e anche il nostro Eros Ramazzotti *(Noi)*. E non finisce qui perché si tratta dell'azienda che ha curato tecnologie e scenografie di show mozzafiato come l'*Eurovision Song Contest di Malmo*, Svezia; la *London 2012 Olympic Ceremonies* (Led Taxis, Landscape Video, Led Beds e Led Umbrella), gli *MTV Music Awards*, la *Shanghai Spheres* del World Expo cinese di Shanghai e altre bazzecole come il tour di *Roger Waters The Wall* e quello degli U2 *"360°"*. Insomma, i giapponesi non fanno tutto da soli, ma si avvalgono anche di chi sa bene il fatto suo. A voler semplificare, la stessa tecnica usata in anni di miracoli produttivi nipponici: *vedo cosa fanno gli altri, li studio, li prendo ad esempio, miglioro i punti deboli e poi personalizzo le cose a modo mio*. Dalle moto alle auto, dall'elettronica di consumo all'informatica passando per i cosmetici il ritornello è sempre stato quello. E i risultati sono nelle nostre case (o parcheggiati sotto casa), basta solo guardarsi attorno.

- Ho capito, - dice Ai , - ma dopo *The Sign Of love* cosa è accaduto?
- Tantissimo, almeno altre 12 canzoni melodiche, soul, swing, funky e anche sambeggianti. Insomma musica, musica, musica, spettacolo ed emozioni fino ai fuochi artificiali finali. A proposito, non è la prima volta che li vedo in un'esibizione live...
- I fireworks nelle esibizioni all'aperto, per dirtela all'americana, fanno parte della nostra cultura, è vero.
- Tutto quello che si vede fa spettacolo, dunque. E tutto quello che si "riprende" anche. Te lo dico perché i numeri degli addetti alle riprese video sono impressionanti: 6 managing director, 26 cameraman, 11 cineoperatori alla steady cam (la macchina da ripresa con supporto meccanico e corpetto indossabile per le riprese mobili), 25 assistenti aiuto operatore, 8 video engineers, 4 chief manager di produzione, 9 secondi chief di supporto e 4 tecnici addetti ai terminali VTR per le registrazioni. Senza calcolare i 6 membri del key-grip (le imprese che gestiscono noleggio, gestione, custodia e assistenza tecnica delle attrezzature di ripresa) affiancati da ben 7 secondi operatori più altri 3 di sostegno. Fatti due conti e capirai che diavolo di troupe o crew cinematografica era presente all'evento. Ecco perchè le cose vengono fatte nel migliore dei modi. Probabilmente solo a Hollywood assoldano altrettanti specialisti di ripresa, ma solo quando si tratta di un film! No?
- Oh si, - risponde lei, - anche se ti confesso che in questo ambito non sono così ferrata.
- Non importa, a questo punto posso solo citarti la parte finale della recensione del primo concerto dei Dreams Come True all'Highline Ballroom di New York del 9 ottobre 2011, apparsa sull'edizione online di *JQ Magazine* il 31 ottobre successivo. «David Lee Roth, una volta, disse: *Non si dovrebbe mai lasciare il pubblico desideroso di qualcosa in più. Gli appassionati dovrebbero lasciare l'arena completamente soddisfatti dicendo Wow, è stata una delle cose più incredibili che abbia mai visto!* Be', dopo due ore, prima che ce ne rendessimo conto, lo spettacolo dei Dreams Come True era finito. Avremmo potuto continuare a guardarli tutta la notte e, tuttavia... Wow, è stata la cosa più incredibile che abbia mai visto!».

- Che ne dici? Tanto per ricordartelo all'Highline Ballroom (che si trova al 31 West 16th Street tra la 9th Avenue e la 10th Avenue della Grande Mela) ha suonato il gota della musica mondiale. Le cronache locali riportano che artisti del calibro di Paul McCartney, Stevie Wonder, Carlos Santana, Lady Gaga, Justin Bieber e Amy Winehouse siano rimasti affascinati dall'atmosfera unica dell'Highline. Ma questa è un'altra storia.
- Be', allora è anche quella dei Dreams Come True, non trovi? Mette fine alle mie elucubrazioni Ai.
- Vero! A due come loro sarebbe bello poter stringere la mano. I'd like shake your hands, Dream Come True! O, ancora meglio, I'd like shake your hand, Miwa! Fine delle trasmissioni.

CAPITOLO 41

ALLA FINE ARRIVANO LORO, "QUELLE" DA GUINNESS DEI PRIMATI

Parola d'ordine: "handshake event", ovvero stringi la mano alla tua beniamina. Ma tranquilli, nonostante gli inchini, pure in Giappone ci si stringe la mano. Se poi è quella di una delle AKB48, ancora meglio. Per la gioia dei fan che si precipitano a questo genere di eventi-incontro. Certo, stringerle a tutte loro è pressoché impossibile, considerando che parliamo del gruppo pop più numeroso del mondo, come da certificazione del Guinness World Record. Vale a dire la bellezza di 140 membri (ad agosto 2014, diventati 141 a ottobre), divisi tra ragazze adolescenti e poco più che ventenni ripartite in cinque band: **team A** (da 23/25 ragazze), **team K** (da 21/22), **team B** (da 23), **team 4** (da 23) e **team 8** (da 47). Ragazze che parlano, ballano, cantano e, soprattutto, variano numericamente in continuazione sempre fedeli al concetto di "idols you can meet everyday", la idol che puoi incontrare ogni giorno, motto ideato dal producer Yasushi Akimoto nel lontano dicembre 2005. Il creatore di questa sarabanda di idol group musicale, una specie di Gianni Boncompagni nipponico, ha realizzato un supergruppo "estensibile" diventato un fenomeno di costume capace di frantumare diversi record musicali. Nel 2013 i proventi delle vendite avevavo superato i 128 milioni dollari raggiungendo a marzo 2014, la bella cifra di 33,7 milioni di album venduti da inizio attività, inclusi oltre 28 milioni di singoli. Un numero mai raggiunto da nessuna altra girl band giapponese e al secondo posto tra i gruppi con più brani singoli commercializzati nel Paese del Sol Levante. A questo proposito basti ricordare che tra gli ultimi 23 singoli delle AKB48 entrati nella Oricon Weekly Chart, ben diciotto hanno superato il milione di copie. Nel 2013 addirittura, *Sayonara Crawl* è arrivato solo soletto a 1,87 milioni di stampe. Numeri a parte però, la "ciccia" delle AKB48 è ben altra perché si tratta di un'idea di marketing musicale elevata all'ennesima potenza. Un "coup de théâtre" studiato a tavolino per ripetersi anno dopo anno. A partire dal nome, che deriva da Akihabara, il quartiere di Tokyo dove c'è l'AKB48 Theatre, il teatro in cui la band si esibisce quasi ogni giorno. E proseguendo poi con la presenza numerica passata dalle 48 ragazze originali di Akibahara alla moltiplicazione delle idol nei cosiddetti "sister group", i team satelliti come le SKE48 con sede a Sakae (Nagoya), le NMB48 a Namba (Osaka), le HTK48 a Hakata (Fukuoka) per arrivare oltreconfine con le SHN48 di Shangai e le JKT48 di Giacarta. Tutte ragazze che, a loro volta, si esibiscono nei loro teatri e, di tanto in tanto, insieme alle AKB48. Non a caso, tra le idee del fondatore Yasushi Akimoto c'era anche quella di creare una band capace di esibirsi non solo negli show televisivi, ma rigorosamente dal vivo in una struttura propria come l'AKB48 Theatre. Uno spazio diventato un'attrazione turistica per tutto il mondo. Un'area in cui, pubblico a parte, non è affatto semplice diventare membri permanenti, nè tantomeno membri aspiranti, onorari, associati oppure... espulsi!

Dalle prime audizioni per la formazione dei team, infatti, le cose sono cambiate. Parliamo delle 8000 ragazze di cui solo 20 avrebbero formato il team A, nel lontano 2005. Oppure delle 12.000 aspiranti Idol di cui 18 avrebbero formato il team K, nel 2006. Progressione continuata nella terza audizione dell'ottobre del 2006 a cui parteciparono ben 13.000 ragazze lasciando a solo 13 di loro l'onore di entrare nel team B. Alla fine, nel 2009, dopo il tradizionale paio di audizioni annuali, prende piede l'idea delle "elezioni" con le quali i fan scelgono direttamente i membri delle AKB48, per la registrazione del singolo da lanciare subito dopo. Il marketing è geniale. Comprando un album, compri anche un biglietto per incontrare le ragazze e votare la tua preferita. Idea recepita con successo perché, fra giugno e luglio del 2011, più di un milione di votanti scelgono 40 ragazze come componenti delle AKB48, SKE48 e NMB48. Nel 2010, poi, nuovo cambio di rotta e selezione grazie al torneo di morra cinese che stabilisce le ragazze abili alla registrazione del singolo da portare in classifica. Cose dell'altro mondo dalle nostre parti, ma cose che funzionano. Come la regola che vede il divieto assoluto di frequentare persone del sesso opposto in modo da non deludere i milioni di fan. Pena la punizione, oppure l'espulsione dal gruppo. Follia? Chissà, anche se, a quanto pare, nell'agosto del 2009 Ayaka Kikuchi è stata la prima a essere liquidata dalla band a causa delle foto diffuse online che la ritraevano col fidanzato. Un evento che costa alla ragazza una nuova audizione l'anno successivo per essere riammessa tra le sue colleghe. Insomma, idol che va, idol che viene. Ennesima idea anche questa. La band e i suoi derivati, infatti, muta pelle sovente anche per merito della "graduation" (la laurea), per cui una volta raggiunta una certa età (o gli obiettivi personali) si abbandona il campo di gioco per essere felicemente rimpiazzati da una kenkyūsei, un'apprendista, una panchinara, una che impara canzoni e coreografie delle titolari ed è sempre pronta alla possibile sostituzione. Fenomeni, eh?

- Sì, - aggiunge Ai, - le AKB48 da noi le trovi ovunque. Ai concerti devi fare ore di fila, ormai sono diventate quasi un marchio per i negozi come panetterie e caffetterie. I top brands fanno a gara per averle come testimonial, vestite coi loro mini-kilt o addirittura coi completini intimi adolescenziali di color pastello.

- Ho letto che sembra abbiano contribuito a dare una mano all'economia giapponese in questi ultimi anni di crisi...

- Da quello che ricordo, certi tipi di reggiseno sono andati esauriti in pochi giorni dopo che lo avevano scelto loro. Una cosa accaduta anche per altri prodotti.

- Impensabile da noi. Soprattutto in tempi di crisi...

- Credo che diversi negozi con il logo AKB48 sono stati aperti a Singapore, Hong Kong e Shangai. È un marchio di moda che va dal web ai college universitari, - continua Ai.

- Navigando nel web ho letto un'intervista al loro creatore Yasushi Akimoto che sosteneva che "a differenza delle altre band che arrivano al successo dopo tanta pratica e faticosi percorsi artistici, le AKB48 maturano piano piano! In questo modo i fan possono vedere i progressi giorno dopo giorno, anno dopo anno".

- Ma', diciamo che da noi è un po' come se tutti volessero aiutarle perché in Giappone gli uomini le vedono come sorelle e figlie. Mentre le donne, quelle giovani vorrebbero essere come loro. Quelle più anziane le vedono con un po' di invidia ma ammirano la loro freschezza, la loro ingenuità di giovincelle! E quando le votano è perché vogliono far uscire dal gruppo quella che ritengono unica.

- Come molte voi donne vorreste essere, no? Anche se, perdonami, ho qualche dubbio che gli uomini le vedano solo come sorelle e figlie. Almeno non tutti!

- Ehm, evito di portarti sui tuoi soliti binari di discussione! Che ne dici?

- Ok, va bene. Però ho letto che vorrebbero lanciare gruppi gemelli anche a Taiwan, in Thailandia, Vietnam e Cina.

- Be', è quasi un modello di business. Se ti capita di andare in Giappone, nelle librerie troverai decine di libri dedicati proprio a loro. Però, devo confessartelo, i meccanismi sono quasi infernali considerandoli dal punto di vista europeo. Qualcuno da voi griderebbe al plagio, al raggiro degli utenti!

- Perché? - Aggiungo io.

- Perchè al di là del valore artistico, della bravura, la moltiplicazione delle vendite c'è anche grazie a un biglietto che trovi nei Cd. Compri l'album, dentro c'è il coupon con cui puoi assistere agli show delle ragazze, incontrarle e poi votarle per eleggere la protagonista principale delle canzoni e dei video da realizzare in seguito.

- Vabbe', nulla di strano, succede in tutti i supermercati con tanti prodotti diversi. Non è una novità!

- Sì, ma da noi ci sono persone che hanno acquistato dozzine, persino centinaia di copie dello stesso Cd per spingere la loro favorita.

- Okay, qualcosa di simile alla giuria popolare del Festival di Sanremo o agli sms di X Factor...

- Sì, ma il voto costa come un Cd e non certo come un sms!

- Okay, ma non vedo ancora il problema: la vita è fatta di scelte e ognuno fa le sue. Non credi?

- Vero, ma c'è stato il caso limite, finito sui giornali, di un operaio di 21 anni, Tomoyuki Yamada, che ha acquistato 210 copie di un singolo venduto a 1600 yen, ovvero 11,27 euro ognuno. Che fa più o meno 2366 euro per dare 210 voti alla sua preferita Tomomi Kasai! Non ti sembra fanatismo?

- Un vero appassionato! Mia madre mi raccontava che, nei primi anni '60, davanti agli studi di Cinecittà c'erano decine di ragazze che aspettavano l'uscita dei loro divi preferiti. Da Anna Magnani a Sofia Loren oppure Totò. I Cd non esistevano ancora e sicuramente non c'erano tanti soldi da spendere, ma loro erano comunque lì ad aspettare. Fosse accaduto oggi, qualcuno avrebbe sicuramente acquistato 200 film di Sofia Loren su chiavetta USB solo per poterla incontrare!

- Oh, va bene, se la pensi così, va bene, ma gli eccessi non mi piacciono. Ogni sera, nel quartiere di Akihabara a Tokyo un pubblico fatto soprattutto da maschi impazzisce per le AKB48: urlano, sbraitano, cantano a squarciagola e si illudono. Almeno secondo me.

- Sì lo so, ma poi, a differenza del mondo occidentale, dopo lo spettacolo i fan ricevono pure i ringraziamenti della security. Oltre che delle ragazze. Customer care, la chiamano in America. E credo anche in Giappone.

- Non lo so, dipende dai punti di vista, ribatte lei. E poi - continua - secondo me una tredicenne che entra in questo clima rischia di montarsi la testa. Pur di rimanere nella band, a venti anni molte di loro non possono nememno avere un ragazzo! Ti sembra giusto?

- Sì, però poi debuttano come attrici in qualche film oppure finiscono sulle riviste di moda come *Vogue Girl Japan!*

- Non saprei se il gioco vale la candela...

- Sono molto pragmatico: quello che piace, piace, quello che non piace, non piace. Inutile fare tanti giri di parole. Piacciono perché sono carine? Bene. Piacciono perché gli uomini di ogni età hanno sempre avuto un'attrattiva pruriginosa per le teenager e viceversa? Benissimo! Al limite saranno problemi delle loro mogli o delle loro fidanzate! No? In quel caso consiglierei a quest'ultime di liberarsi dei bigodini, farsi desiderare e comprendere come funziona la testa di un maschio! Dopodichè, magari capiranno! E se non capiscono, be' allora... ciccia!

QUESTIONE DI MERCATO, VOLENTI O NOLENTI È IL SECONDO DEL MONDO

AKB48 o non AKB48? Parlare delle AKB48 sin dall'inizio era quasi un'eresia. Il motivo ispiratore, la parola d'ordine di queste pagine era quella di andare oltre. Oltre l'idea di associare la musica nipponica solo a girl e boy band cosiddette "adolescenziali". Oltre il luogo comune che vede il Jpop come espressione diretta delle colonne sonore di anime e videogame. Oltre la standardizzazione di motivetti ben confezionati ma per lo più simili a loro stessi. Oltre la visione parziale di un universo musicale apparentemente ristretto ma che nasconde ben altro. Certo, diversi big della musica giapponese associano o prestano, prima o poi, le loro note a brani destinati alle serie tv e ai film ispirati dai manga, ma quello è solo uno degli emisferi del pianeta Jpop. Rimane quella *dark side of the moon,* quella faccia nascosta della luna musicale nipponica ancora tutta da scoprire dalle nostre parti. Un emisfero che nulla ha da invidiare all'altra faccia esposta alla luce solare globale della popular music. Del resto, pochi lo sanno, ma parliamo pur sempre del secondo mercato musicale del mondo capace di generare, nel solo 2013, oltre 3 miliardi di dollari di fatturato grazie soprattutto alla produzione nazionale: nel 2013, 44 dei 50 album più venduti e 46 dei primi 50 singoli erano appannaggio di artisti nipponici. Sempre nel 2013, il mercato delle vendite dei supporti reali (Cd e vinili) ha visto al primo posto il Giappone, con il 31% del mercato, seguito da Stati Uniti (17%) e Germania (13%). Situazione quasi invertita nei download digitali appannaggio degli Stati Uniti con il 45%, Gran Bretagna (10%) e Giappone (8%) *(fonte IFPI - International Federation of the Phonographic Industry).* Senza dimenticare che quello nipponico è un mercato che non riguarda solo le isole del Sol Levante coi suoi quasi 130 milioni di abitanti, ma anche gran parte dell'Asia. I tour delle pop e rock star del Sol Levante sconfinano infatti a Taipei, Taiwan, città da oltre 2 milioni e mezzo di abitanti; Hong Kong, Cina, metropoli da 7 milioni e mezzo di residenti; Singapore, repubblica omonima, con 5,5 milioni di cittadini; Bangkok, Thailandia, capitale da 8 milioni di persone. E poi Jakarta, principale centro abitato dell'Indonesia con quasi 10 milioni di residenti oppure Seul, capitale della Corea del Sud forte di 13 milioni di abitanti. Tutto questo senza dimenticare l'incredibile Shanghai, la città più popolosa del mondo che supera i 23 milioni di esseri umani e anche i cosiddetti centri abitati minori delle aree a forte immigrazione giapponese come Honolulu, Hawaii, 400mila abitanti, la California (il 13% degli oltre 38 milioni di abitanti è d'origine asiatica mentre lo 0,4% è nativo hawaiano o del Pacifico) e poi Guam, Isole Marshall, Palau e anche il Brasile.

A fare una proiezione personale avventata ma per certi versi realistica è possibile affermare che ci si trova in presenza di un mercato che potrebbe coinvolgere - potenzialmente - quasi 300 milioni di persone residenti (279 a conti fatti) nella zona asiatica composta da Taiwan (oltre 23 milioni), Corea del Sud (quasi 60 milioni), Hong Kong (oltre 7 milioni), Macao (oltre 500 mila) e la fascia costiera che attraverso il Guandong (oltre 86 milioni, capitale Canton), il Fujian (oltre 34 milioni, cap. Fuzhou) e lo Zhejiang (oltre 46 milioni, cap. Hangzhou) arriva fino a Shanghai (oltre 23 milioni). Numeri da capogiro a cui andrebbero aggiunti quelli di Thailandia (oltre 69 milioni), Indonesia (oltre 240 milioni) e pure -perché no?-, Cambogia (quasi 15 milioni) e Vietnam (quasi 90 milioni) pronte a fare la loro parte in un ipotetico futuro. Alla fine, il risultato di questa proiezione immaginaria sarebbe di 693 milioni di persone a cui aggiungere 130 milioni di giapponesi per un totale di 823 milioni di esseri umani! Ma per non esagerare, sommando solo i dati reali delle metropoli toccate dai big del Jpop abbiamo comunque 74,4 possibili milioni di appassionati a cui sommare i 130 milioni di nipponici. Vale a dire 204,4 milioni di persone! Volenti e nolenti, questo rimane pur sempre il secondo mercato musicale del mondo a ridosso degli Stati Uniti.

OBI-WAN CD!
CHE LA FORZA SIA CON TE!

Convenzione, standard, cliché, consuetudine, abitudine, tradizione. Chiamatela come volete, ma nel Paese più evoluto tecnologicamente del mondo la musica rimane qualcosa non solo da ascoltare, ma anche toccare, vedere, capire, consultare e scoprire. Lo capisci quando ti imbatti nei negozi online e scopri quante versioni dello stesso album vengono offerte agli appassionati. Jpop e Jrock nipponico, ma anche rock e pop anglosassone. Del resto non è una novità, i collezionisti di tutto il mondo sono cresciuti col mito della bellezza degli ellepì nipponici con il loro Obi, il paper sheet applicato sopra. Chi non ricorda la versione giapponese di *Made in Japan* dei Deep Purple? Quel disco in versione nipponica è stato un mito della mia generazione seguito da quasi tutti gli album su vinile (e poi su Cd) degli altri big del rock internazionale, Beatles in testa.

Parlavamo di Obi, ma chi era costui?

- Be', - dice Ai, - l'Obi è una caratteristica della confezione nipponica di libri, dischi e Cd. Ma pure dei capi d'abbigliamento. In inglese viene chiamato anche belly-band, paper-sheet od obi-strip, termine che deriva dal nome del pezzo di tessuto, appunto l'Obi, che la geisha indossa attorno alla vita sopra il kimono tradizionale.

- In pratica è un striscia di carta...

- Sì, chiamata anche tasuki, una specie di fascia che serve per bloccare in alto le maniche del kimono, oppure obigami, una cintura di carta o ancora Obi, la cintura ai fianchi del kimono. Di sicuro non *Orizzontal Band Insert* come ho sentito dire più volte dagli americani!

- In effetti l'uso di questo acronimo fa un po' ridere.

- Già, in genere l'Obi viene applicato su libri, dischi di vinile e Cd. Una sottile striscia stampata messa lateralmente, oppure piegata sulla parte superiore anche dei videogame. Gli Obi servono per identificare il prodotto con il titolo, i nomi degli autori, il prezzo e tutte le informazioni sulla pubblicazione. Ovviamente in giapponese!

- Ti fermo un attimo: ma originariamente non era una fascetta di carta con tutte le info utili per chi acquistava i dischi dei gruppi anglosassoni che, ovviamente, avevano titoli e descrizioni in alfabeto latino?

- Sì e no! Perché gli Obi li trovi anche appesi agli abiti. E comunque, anno dopo anno, nel caso di dischi e Cd sono diventati popolarissimi tra i collezionisti. Un disco o un Cd con un Obi intatto vale molto di più che senza.

- Questo è ovvio.

- Ma non tutti lo sanno. Anche se teoricamente dovrebbe essere un elemento usa e getta. Una volta che l'album è stato venduto diventa sostanzialmente inutile. Almeno secondo la mia visione femminile...

- Concordo. Però calcola che per un appassionato l'Obi può essere una mania, un feticcio. Non ne ho mai buttato via nessuno. Anche se fatico a tenerli allineati alla cover dei Cd.

- Questo perché sei malato. Comunque, se può farti felice, l'Obi è anche la dimostrazione della cura giapponese per ogni aspetto dalla confezione di un prodotto. Incluso l'imballaggio...

- Su questo non posso che inchinarmi. La cultura del packaging nipponico, che ovviamente è un'altra cosa rispetto all'Obi, è rinomata in tutto il mondo al pari degli origami. Le vostre scatole sono delle delizie visive, delle vere opere d'arte che quasi dispiace disfare. La qualità del contenuto è pari a quella dell'imballaggio. Un aspetto unico e intrigante. Un aspetto di marketing che i produttori discografici non lasciano certo al caso. Me ne sono accorto la prima volta che ho ordinato, dubbioso, un Cd online dal Giappone. Eccoti gli appunti che scrissi dopo aver ricevuto il pacco.

"Plico spedito il 29 giugno e arrivato il 9 luglio, invece del 25 previsto. Vale a dire 16 giorni prima! Sorpresa e soddisfazione. Il pacchetto del Japan Post EMS (Express Mail Service) è, come mi aspettavo, foderato internamente con il pluriball. Dentro, un

ennesimo involucro in pluriball protegge il Cd. Una volta aperto quest'imballaggio trovo un altro rivestimento in pluriball che, all'interno, cela due cartoncini da 1,5 mm di spessore a protezione dei due lati del dischetto digitale. Apro anche questa membrana ed ecco il Cd rivestito da un ulteriore custodia in plastica morbida trasparente riutilizzabile che, una volta aperta, lascia intravedere il consueto cellophane della confezione nuova! Ah, dimenticavo, il piccolo origami-uccello di carta allegato al biglietto di ringraziamento. Qualcuno potrà chiamarla esagerazione, qualcun altro tipica pignoleria nipponica. Io lo chiamo rispetto per il cliente. O, meglio ancora, meticolosa diligenza nel proprio lavoro e riguardo nei confronti di chi spende denaro. Cose davvero rare di questi tempi".

- Capisci? Se a tutto questo aggiungiamo anche l'Obi, i giochi sono fatti!
- Tu dici? - Aggiunge lei. - Anche se sono tutti stampati in kanji giapponesi e scrittura kana?
- Dico, dico. - Rispondo. - Quello che non puoi capire rende l'oggetto della tua attenzione ancora più attraente, dai retta a me.
- Non lo so, forse per chi ama la musica rappresenta un bonus non trascurabile. Anche se, negli ultimi anni ho visto l'Obi sostituito da adesivi simili...
- Ma non per questo meno attraenti! - Replico.
- Forse hai ragione, ma fa parte della nostra cultura.
- Lo so, come quella di offrire innumerevoli versioni dello stesso album. Recentemente ho comprato l'ultimo Cd *Colors* di ayumi hamasaki ed è stata un'impresa ardua capire quale scegliere. Di quasi tutti gli artisti o le band Jpop puoi scegliere l'album più adatto alle tue esigenze, trovi il Cd normale, il Cd+dvd, il Cd+blu-ray, il Cd+2dvd, il Cd+dvd e booklet allegato, a volte c'è anche il nuovo album con una piccola antologia allegata o, addirittura, il photobook dei concerti. Ce n'è per tutti i gusti. E a tante versioni corrisponde, ovviamente, un'analoga richiesta. Oltre che un grande amore per la musica da ascoltare e toccare.

CAPITOLO 44

IN GIAPPONE LA MUSICA
VIAGGIA ANCORA SU CD. BANZAI!

A spulciare le tabelle del RIAJ Yearbook 2015, il rapporto annuale della Recording Industry Association of Japan, si scoprono dati inaspettati. Nonostante gli squilli di tromba sulla devastante crisi del mercato musicale mondiale, dall'altra parte del mondo la musica da toccare, palpare, sentire e maneggiare esiste ancora. La crisi c'è, per carità, ma non tutto il mondo è Paese. In Giappone i compact disc coprono ancora quasi l'80% del mercato musicale. Colossi che dalle nostre parti sono andati in crisi o amministrazione controllata, come nel caso della Tower Records o dell'HMV, laggiù prosperano. La prima ha 85 negozi che fatturano 500 milioni di dollari con il più grande store del mondo, quello di Shibuya, Tokyo, con nove piani per oltre 5000 metri quadrati. Mentre la seconda continua a prosperare dopo essere stata assorbita nel Lawson HMV Entertainment, inc. la holding nipponica dei supermercati che vanta 11.984 store in Giappone, 321 a Shanghai, 92 a Chongqing, 26 a Dalian, 9 a Beijing, 58 in Indonesia, 4 alle Hawaii e 92 in Thailandia. Guarda caso negli stessi luoghi dove circolano le star del Jpop. Solo una coincidenza? Chissà. Fatto sta che in Giappone, seppur in calo, il Cd resiste: nel 2014, secondo il rapporto RIAJ Yearbook 2015, il totale della produzione di Cd ha raggiunto i 170 milioni di pezzi, di cui 138 milioni del repertorio musicale giapponese e solo 32 di autori e artisti esteri. Se a questi aggiungiamo vinili, Dvd e Blu-ray musicali il totale raggiunge i 272 milioni di unità complessive. Un'enormità. Nonostante la crisi, gli ascoltatori comprano gli album in diversi formati, la pirateria quasi non esiste e del download digitale si comincia a parlare solo ora. Come anche di Spotify e compagnia associata. Nel 2012, addirittura, il mercato musicale giapponese balzò agli onori delle cronache per aver raggiunto quello americano, era la prima volta che succedeva. Ma nel 2013 tornò sotto, crollando del 16,7%. Giù, ma pur sempre secondo al mondo. Dopodiché quello americano si è stabilizzato grazie al digitale. E quello nipponico? Be', come ha sottolineato il *New York Times* "quello è un universo parallelo in cui la musica materiale, quella su CD, continua a essere il modo preferito di ascolto e consumo".

Insomma, una dimensione parallela in cui si resiste, resiste, resiste. Nella classifica 2014 dei primi 20 mercati discografici del mondo, in testa ci sono gli Stati Uniti con 4.898,3 milioni di dollari di fatturato annuo (trade value), seguiti dal Giappone con 2.627,9 milioni di dollari e poi dalla Germania con 1.404,8 milioni (la Gran Bretagna è al quarto posto con 1.334,6 milioni). In Giappone, nel 2014, nonostante un calo del 5,5%, le vendite di Cd reali rappresentavano comunque il 78% del mercato contro il 17% di quelle digitali. A differenza degli Stati Uniti in cui il rapporto è invertito (26% reali contro il 71% di digitali) - (fonte IFPI - Aprile 2015).

Certo, parliamo di un mercato tradizionalmente particolare. Noto a tutti i collezionisti occidentali e anglosassoni. Gli album vengono pubblicati in decine di versioni per contenuti e packaging, ma non si tratta solo di questo. La notizia è che laggiù il Cd non è andato ancora veramente in crisi. Anche la pirateria digitale è pressoché inesistente, così come la distribuzione digitale a pagamento. iTunes va, ma solo dal 2005 e non come in America. Spotify, a detta del *New York Times*, "è stato bloccato per due anni in trattative infruttifere con le case discografiche giapponesi". Insomma, quando i tempi saranno maturi si vedrà, sembrano dire gli addetti ai lavori. Momentaneamente le major pensano a mantenere i livelli di vendite dei Cd convertendosi al digitale piano piano. Non a caso, nel 2014, le vendite di musica digitale sono cresciute del 5% rispetto all'anno precedente segnando il primo aumento significativo dal 2009. Le dimensioni del mercato sono vaste e gli scossoni non fanno parte dei piani. Convertire milioni di persone al download sarà l'impegno del futuro. Senza fretta...

SUPER ASIAN GROUP. TUTTI INSIEME, APPASSIONATAMENTE...

Diffondere la musica asiatica nel mondo. L'obiettivo dichiarato di Ramy, (voce femminile) Corea del Sud. Kevin, (voce maschile) Cina e Rio, deejay-produttore e alchimista elettropop, Giappone. La band si chiama SAGA e ha debuttato nel 2014. La loro musica? EDM, Electronic Dance Music con influenze melodiche asiatiche. Il claim del loro sito parla chiaro: «Nessun confine. Giappone, Corea e Cina. Nessuna ostilità. Ma un'unica squadra. Rivoluzione. Un viaggio attraverso 20 Paesi. Tutto sta per cominciare. Siamo la band che nessuno ha mai visto prima». E poi le dichiarazioni dei tre artisti. «Ramy: credo che possiamo farlo insieme. Kevin: possiamo sentire il mondo come se fosse uno solo. Rio: nessuna barriera, nessun confine. Lo dimostriamo con la nostra musica. Firmato SAGA.». Il nome, in lingua Inglese è sinonimo anche di viaggio, storia, avventura, ma, in giapponese, stando alle loro dichiarazioni, significa pure istinto umano. Il nuovo viaggio dei SAGA per unire le persone con la musica è appena cominciato...

- È la prima volta che ne sento parlare, - esordisce Ai.
- Be' sono praticamente nati ieri. Da quello che ha capito tutto è partito per merito del tuo concittadino nipponico Rio che, dopo essere stato produttore in Giappone, USA, Cina e Indonesia, ha deciso di mettere in piedi una superband multietnica. Kevin, invece, è un musicista cinese entrato nella Top 10 di un programma per nuovi talenti musicali. Dopo il loro incontro, i due hanno deciso di assoldare la giovane Ramy, cantante kpop, fresca diplomata alla scuola musicale di Seoul. Dopodiché la strana band nippo-cino-coreana si è messa a caccia di fan in tutto il mondo.
- L'idea sembra bella, ma credo che siano dei poliglotti, altrimenti come potrebbero comunicare tra loro visto che parlano lingue diverse?
- Ho letto un'intervista in cui sostengono che Kevin e Rio parlano in

cinese, Rio e Ramy in giapponese e Kevin e Ramy in inglese. E quando devono parlare tutti insieme usano sempre l'inglese!

- Un bel caos, o un bel modo d'intendersi, dipende dai punti di vista!

- Già e lavorano anche bene. Rio è il produttore esecutivo che dirige la baracca, propone le scalette, butta giù le idee musicali e la promozione dei pezzi. Poi, dopo che si sono riuniti per discutere, ognuno di loro scrive i testi delle canzoni nella sua lingua d'origine. Sembra che Kevin sia un ottimo cantautore e Rio anche un mago degli arrangiamenti musicali.

- E la ragazza?

- Canta e collabora con loro, credo.

- Certo che è una vera sfida, calcolando che avranno diversi bagagli culturali alle spalle...

- Ritengo che, vita quotidiana a parte, la sfida vera sia il pubblico, diverso in ogni Paese per abitudini e atmosfere musicali da interpretare. Ma la nazionalità diversa di ognuno di loro non può che aiutarli, spero.

- Del resto si tratta di lineare pop asiatico mixato con musica elettronica occidentale. E ascoltandoli viene fuori qualcosa di carino...

- Dici?

- Be', qualche anno prima dei SAGA, Rio ha lavorato con artisti come gli X-Japan, Luna Sea e TRF in numerosi progetti. Quindi esperienza e voglia di arrivare non credo manchino. Inoltre, lo scorso marzo si sono esibiti in Giappone con la band Kuroyume, in Indonesia collaborano con la girl-band Cherry Bell e si sono occupati della colonna sonora del programma tv cinese Next Generation con il brano d'apertura *Together* e quello finale *Traveling*. Insomma sembra che le premesse ci siano...

E poi, forse non lo sai, ma dopo aver debuttato in Asia sono arrivati per un tour in Europa facendo una scappatina a Lucca Comics il 31 ottobre e 1° novembre 2014, continuando poi fino a Parigi.

- Be', andrò a dare un'occhiata su YouTube...

- Non ti strapperai i capelli, credo, ma l'idea, almeno nelle intenzioni è buona. Poco prima dell'estate i SAGA erano al primo posto tra gli artisti emergenti del più grande sito nipponico musicale Barks, (Japan Music Network). Al tempo stesso, il loro video musicale *Together* è entrato nella hit dei clip di musica elettronica del sito cinese di video Letv. Anche se ho qualche dubbio...

- In che senso?

- Nel senso che i progetti dichiarati sul sito online sembrano seri. Ma decisamente troppo arditi. All'insegna dell'uno seguito da ben 9 zeri. Ovvero un miliardo di potenziali appassionati di kpop, anime, moda e musica in tutto il mondo più un miliardo e 300 milioni di persone disponibili nel mercato cinese. Sognatori? Da un certo punto di vista sì...

- Ma nella vita mai dire mai, - replica Ai. - Ognuno è libero di provarci!

- D'accordo, però insistere sul concetto di kpop mi sembra fuori luogo.

- Il kpop va di moda! - Insiste lei.

- Diciamola tutta, si tratta di un clone poco coinvolgente del Jpop a cui deve i suoi natali. Il cosiddetto kpop lo hanno in parte creato le case discografiche nipponiche per trovare nuovi mercati in Asia utilizzando gruppi autoctoni!

- Ma anche loro hanno ottimi artisti, soprattutto nella musica classica...

- Sì, ma ritenere, come fanno molti, che il kpop sia capace di superare il Jpop, fa solo ridere. Questione di opinioni, certo. Personalmente non cambierei mai gli Exile con gli SHINee o le Girls' Generation. Così come non vorrei vedere nemmeno in fotografia le T-ARA vicino a Miwa Yoshida!

- Se è per questo tu non cambieresti mai la tua Toyota con un'automobile realizzata in Corea!

- Vero! E non comprerei mai un computer o uno smartphone che non sia giapponese o americano. Per quanto costoso possa essere. Made in Japan e Made in USA, delocalizzazione permettendo, per me sono sinonimi di qualità. E c'è poco da discutere!

- I gusti sono gusti. Ho delle amiche coreane simpaticissime.

- Anch'io ho degli amici francesi divertentissimi! Ma cosa vuol dire?

- Guarda, ripensando alla stretta di mano quasi forzata tra il presidente cinese Xi Jinping e il premier giapponese Shinzo Abe a colloquio dopo il vertice dell'APEC (Asia Pacific Economic Cooperation) del novembre scorso (2014) ho ancora un bel po' di dubbi sulla presunta fine delle barriere tra i popoli...

- Eh?

- Oltre alla foto online, c'è la dichiarazione che ho letto sui giornali a proposito delle isole Senkaku/Diaoyu controllate dai giapponesi e rivendicate dai cinesi.

- Ovvero?

- Recitava più o meno così. "Il portavoce giapponese Ken Okaniwa, che ha partecipato al vertice dell'APEC, ha precisato che al momento c'è solo un accordo sul fatto che le due parti sono in disaccordo ". Sembra un gioco di parole, ma la formula significa che Tokyo ammette l'esistenza di una rivendicazione cinese sulle isole. Dopodiché hanno fatto finta di stringersi la mano...

Insomma: "No Border, from Japan, Korea, China, No hate, They gathered as one, unit, revolution". In bocca al lupo, ragazzi. Del resto la musica supera ogni confine, è assodato, ma riesce anche ad abbattere barriere ideologiche, muri e pregiudizi? Chissà.

CAPITOLO 46

SUBOI, SUBOI, SEI TUTTI NOI. DAL VIETNAM CON FURORE RAP...

Paese che vai, barriere che trovi. Nazione che non immagini, promessa che scopri. Musicale e - perché no? - pure vietnamita. Magari regina dell'hip hop, una senza peli sulla lingua che rappa, rappa e rappa. Tutti testi in codice, ovviamente, crittografati dal suo slang, dal suo modo di essere. Parole che parlano della realtà di tutti i giorni, famiglia, amore, società e anche droghe leggere. Parole formulate quasi a bassa voce in una nazione dove le autorità, volendo, possono rovinarti la vita. Il suo vero nome? Hàng Lâm Trang Anh, nata il 14 gennaio del 1990 a Ho Chi Minh City, Vietnam, conosciuta come Suboi. Professione rapper, cantante e cantautrice. A soli 23 anni, con due album alle spalle Walk (2010) e RUN (2014) è diventata uno dei personaggi più popolari di un paese comunista di 92 milioni di persone in cui la censura è sempre in agguato. "Ovviamente dalle mie parti non puoi dire le cose apertamente, non puoi parlare di governo e politica direttamente", ha dichiarato all'inviata Kate Hodal, corrispondente del *Guardian* da Ho Chi Minh City (*). "Così a quel punto devi far finta di scrivere una canzone d'amore e sperare che gli altri riescano a leggere tra le righe. Altrimenti sei spacciata". Suboi ha cominciato a cantare in una band nu-metal underground a 17 anni e poi ha scoperto Eminem, Snoop Dogg, Linkin Park, Aaliyah, ma anche Mos Def, Da Brat, Foxy Brown e Azealia Banks. Solo per citarne alcuni.

"Nessuno sapeva che cos'era il rap e l'hip hop quando ho cominciato", sostiene lei. "E proprio per questo non presagivo come i vietnamiti avrebbero reagito. In America è un'altra cosa, laggiù c'è la cultura, la lingua, ma da noi è diverso".

Il suo nome deriva dal nickname "Su"+"boi", per il suo atteggiamento da maschiaccio. In effetti, lei è una che il successo ha dovuto sudarselo. Non dev'essere facile portare i pantaloni larghi e il berretto stile Eminem laggiù in Vietnam. Anche se la sua popolarità concide col desiderio di cambiamento delle nuove generazioni. La metà della popolazione è sotto i 25 anni. E breakdance, beatboxing e musica occidentale, magari clonata e rimissata in casa, vanno per la maggiore. Ma non solo, perché i giovani adorano gli atteggiamenti ribelli e vorrebbero quel cambiamento di costumi frenato dalla classe dirigente. Quello che era impensabile una volta, oggi potrebbe divenire realtà. Magari grazie all'innesco chiamato Suboi.

"Suboi è cool perché ragiona con la sua testa", hanno detto i suoi fan di Hanoi all'inviata del *Guardian.* "Troppa musica oggi propone canzoni d'amore che sembrano fatte apposta per tacitare le coscienze, tenere a bada la gente. Ma lei non è fatta così. È per questo che ci piace!".

La musica non cambierà il mondo, non è mai successo, ma goccia dopo goccia anche l'acqua scava la roccia. I Beatles, in pieno regime sovietico, erano amatissimi dai giovani russi che li ascoltavano di nascosto e compravano i loro album al mercato nero. Dopo la caduta dell'URSS molti di loro dichiararono che, proprio grazie ai quattro scarafaggi di Liverpool, avevano cominciato a mettere in discussione l'arroganza del regime comunista. Potere della musica. Su YouTube, come rimarcato anche dal *Guardian,* i video di Suboi hanno decine di migliaia di contatti. I fan di Facebook sono oltre

200.000 e grossi marchi come Adidas e Samsung hanno sfruttato la popolarità della rapper per le loro campagne pubblicitarie. Addirittura, sembra che una fabbrica di yogurt abbia realizzato un gusto "Suboi" per i suoi clienti. Roba da non credere a quelle latitudini. Segnali da un mondo che cambia in continuazione. Nel frattempo, lei si diverte nei festival musicali asiatici osannata anche nei paesi limitrofi come la Thailandia. Per dirla tutta, ha suonato dal vivo pure con Lady Leshurr, la rapper, cantante e produttrice di Birmingham, Inghilterra.

"Gran parte della sua popolarità può essere attribuita al fatto che, piano piano, le sue canzoni contribuiscono a portare il Paese nel mondo reale", ha dichiarato ancora al Guardian, il suo produttore Do Nhan. "Alla fin fine Suboi ha combinato generi musicali come dubstep, trance ed electropop con l'hip-hop creando uno stile di musica mai sentito da quelle parti". Almeno finora. D'altro canto il mondo fila via veloce come un treno e le stelle non stanno certo a guardare...

(*) articolo di Kate Hodal dal sito www.theguardian.com (22/05/2014)

CAPITOLO 47

QUANTE STELLE BRILLANO NEL CIELO STASERA? TANTE! E HANNO IL NOME IN COMUNE...

Di Ayaka ce ne sono tante, milioni di milioni. Ma lei, in Giappone, è l'Ayaka per eccellenza. Quella che semplicemente è! Non che le altre siano da meno. Basti pensare ad Ayaka Hirahara, bravissima e poliedrica. Ma lei, Ayaka lida, ti rimane nel cuore. C'è poco da fare. Provate a dirlo a Lyor Cohen, Chairman and CEO della Warner Music Group che, nel 2000, dopo averla sentita le propose un contratto paragonandola a Mariah Carey e Utada Hikaru. Per conoscerla bene, però, occorre lasciar perdere i suoi due primi album *First Messagge* (2006) e *Sing To the Sky* (2008), belli ma non eccelsi, e dirigersi direttamente verso gli ultimi lavori in cui ha raggiunto la maturità artistica. Opinabile, vero. Ma difficile da confutare. Tralasciando la solita tiritera biografica della serie nata a Moriguchi, Osaka, innumerevoli concerti scolastici alle spalle, routine quotidiana nella scuola musicale di Fukuoka e abituali giornate passate a scrivere canzoni, scopriamo che Ayaka è una che offre decisamente di più. E va **oltre. Oltre** le 350.000 copie vendute nella prima settimana (per un milione totali) di *First Message*, disco di diamante. **Oltre** i successivi tre singoli estratti da quell'album, di cui due dischi d'oro con più di 100.000 copie ciascuno. **Oltre** le 615.000 copie di *Sing to the Sky*, doppio disco di platino e relativi singoli estratti. **Oltre** il matrimonio del 22 febbraio 2009 con l'attore giapponese Hiro Mizushima e **oltre** i problemi di salute scoperti nello stesso anno. E poi, anche **oltre** l'addio alla Warner, sua vecchia casa discografica. E poi... STOP! Mi fermo un attimo. Perché con il passaggio alla sua etichetta indipendente AStation più Avex Group cambia tutto. A forza di andare **oltre** Ayaka muta pelle e acquisisce stile e carattere, in altre parole identità musicale. Il titolo della consacrazione è *The Beginning*, pubblicato il 1º febbraio del 2012. Da lì al singolo del 20 marzo 2013 *Beautiful/Chiisana Ashiato*, il passo è breve. A poca distanza, nel 2013, arriva *Yūon Club: 1st Grade*, un album di cover nipponiche a mio avviso imperdibile. Seguito, nel 2014, dal pezzo *Number One*. Tutti album e brani che sottolineano la trasformazione dell'essenza melodica strumentale dell'artista di Osaka. Insomma, anno dopo anno, c'è stato un bel mutamento di rotta. Anche se Ai non è così d'accordo...

- Ma scusa, *First Message* ha venduto 1.202.000 copie e *Sing to the Sky* 615.000! A differenza di *The Beginning* del 2012 che è arrivato appena a 211.000 e *Yūon Club: 1st Grade*, nel 2013, solo a 95.000. Come fai a dire che sono più belli? Forse lo saranno per te, non certo per la maggioranza della gente. Visto che sei uno che gioca spesso a fare "due più due uguale quattro", non puoi che prenderne atto...

- Be', magari si tratta anche di congiuntura sfavorevole, di promozione poco azzeccata, oppure semplicemente di sound. Probabilmente il vero motivo è questo: si tratta di sonorità e arrangiamenti più vicini ai miei gusti musicali...

- Ho i miei dubbi...

- Be', nell'*Ayaka Live Tour 2013: Fortune Cookie~Nani ga Deru Kana! at Nippon Budokan* il cambiamento di stile è evidente. Anche se stiamo parlando di una serie di concerti in cui Ayaka reinterpreta cover di canzoni scritte da altri. Canzoni con cui è cresciuta e che ha avuto modo di apprezzare e amare sin dall'adolescenza...

- Le canzoni dei primi due album mi piacevano di più. *Sha la la* e *Believe* tratte da *First Message,* solo per fare un esempio, - ribatte lei...

- Sì, okay, anche a me piacciono pezzi come *Jewelry Day* o *Why* estrapolati da *Sing to the Sky*. Però se li ascolti bene capisci che Ayaka era ancora un pelino grezza. Quelle canzoni sono le prove generali per quello che è venuto dopo. Come le armonizzazioni stile Manhattan Transfer di *Winding Road*. Se vuoi lascio perdere *The Beginning* per un attimo, perché dovrei parlare per un'ora, ma *Yūon Club: 1st Grade* è un piccolo capolavoro di cover di altri artisti come Yumi Matsutōya o Southern All Stars.

- Sì, bello, senza dubbio, anche perchè sono brani di altri musicisti...

- Questo conta poco. Anzi, proprio perché si tratta di pezzi altrui diventa ancora più difficile riuscire a interpretarli personalizzandoli con la dovuta originalità senza perdere per strada il motivo ispiratore originale.

Ai mi guarda col suo solito sguardo frastornato. O almeno la interpreto così e per chiudere taglio corto...

- Ascolta, a mio avviso quello di Ayaka è un bell'arcobaleno di melodie che partono dalla stessa struttura musicale tratteggiando via via sfumature armoniche diverse. Note che ti stupiscono e coinvolgono proprio come fa un arcobaleno quando ti si manifesta davanti all'improvviso! C'è qualcosa di più coinvolgente e incantevole di un arcobaleno?

CAPITOLO 48

L'ARCOBALENO E LA "TILDE", NATI PER CORRERE INSIEME?

Un arcobaleno non è qualcosa di concreto, ma esiste sul serio. È una specie di effetto ottico, ma lo percepisci veramente. Non t'inganna mai. Tutto dipende da dove ti trovi, dalla posizione del Sole e dalle gocce d'acqua nei paraggi. Nel momento in cui i raggi solari attraversano le goccioline rimaste in sospensione dopo un temporale - zac! - ecco un bell'arco multicolore, una sequenza di bande in rosso, arancione, giallo, verde, blu, indaco e violetto. È un fenomeno, un fantasma, uno spettro quasi continuo di luce colorata nel cielo. Un fenomeno di rifrazione, un effetto che puoi ammirare anche nei pressi di cascate o fontane di una certa dimensione. Dicono che l'arcobaleno più spettacolare lo vedi quando metà del cielo è ancora scura per le nuvole di pioggia e tu sei in un punto con il cielo nitido sopra. Sarà sicuramente così. Ma se sei fortunato l'arcobaleno vero puoi vederlo vicino alla stazione della metropolitana di **Kokuritsu-Kyōgijō**, nel quartiere di Shibuya, Tokyo, a poca distanza dal Kokuritsu Kasumigaoka Rikujō Kyōgijō, noto in inglese come National Olympic Stadium, lo Stadio Nazionale Olimpico di Tokyo. Ben 48.000 posti seduti e 57.363 in piedi. Record di massima affluenza: 160.000 persone per i due concerti di L'Arc-en-Ciel del 21 e 22 marzo 2014. Già, proprio L'Arc~en~Ciel, meglio se scritto con la tilde, uno dei gruppi del panorama musicale nipponico più popolari all'estero.

Mr. Hyde (cantante), Mr. Tetsuya (basso) fondatore della band, Mr. Ken (chitarra) e Mr. Yukihiro (batteria), hanno cominciato nel 1991 a Osaka. E da allora hanno venduto più di 29,20 milioni di dischi. Non è un record, ma una realtà, perché questi signori hanno davvero impressionato l'occidente con la loro bravura e professionalità. Non a caso, volendo, puoi gustarteli anche a Parigi, oppure al Madison Square Garden di New York. In fondo non importa dove ma solo quando, come e perché. Magari come ha fatto l'inviato di *Forbes*, Zack O'Malley Greenburg, descrivendo e commentando l'esibizione della band nipponica nella Grande Mela nel suo reportage del 27 marzo 2012. (*) Esattamente due giorni dopo il concerto del gruppo giapponese impegnato a festeggiare il suo ventesimo anniversario. Una testimonianza in più e anche ben documentata non guasta mai. Questo lo sa bene anche Ai. A cui ho fatto leggere pochi ma significativi estratti dell'intervista...

"È il sound più bello che ognuno di noi abbia mai potuto ascoltare, un mix, una verosimile miscela dei riff di chitarra dei Metallica unita ai registri vocali degli U2, con una buone dose di liriche d'ispirazione anime".

- Sicuramente, - dice Ai, - sono un gruppo quasi unico. Suonano da un bel po' di tempo. Li conoscono tutti, anche quelli che di musica ne masticano poco...
- Già, anche se a Metallica e U2, come sostiene il critico di *Forbes*, aggiungerei pure Simple Minds, Psychedelic Furs, Ultravox e un pizzico di Industry. Insomma un sound che viene direttamente dagli anni settanta e ottanta. Un po' come il Madison Square Garden stesso...

"La band capace di riempire il Madison Square Garden in una fredda domenica di marzo poteva essere solo una: l'Arc-en-Ciel, probabilmente uno dei gruppi rock più ricchi di cui abbiate mai sentito parlare. Con oltre 29,20 milioni di dischi venduti in tutto il mondo, festeggia quest'anno il suo 20° anniversario con un tour internazionale arrivato al Madison Square Garden, quasi una prima assoluta per un gruppo giapponese!".

- Be', uno come Hyde, - continua Ai, - deve essersi trovato proprio a suo agio su quel palco. Ho avuto modo di vederlo a Parigi e devo dire che (sicuramente) è un artista capace di fare grande presa sul pubblico occidentale...
- Qui non si tratta di fare presa, credo. O sei bravo, oppure no. Anche se, da solista, i suoi dischi rendono molto meno rispetto a quelli realizzati con la band che, in tour, riesce a essere davvero travolgente...

"Con il tour partito da Tokyo, la band ha fatto ben 17 concerti con più di mezzo milione di spettatori in tutto il mondo. La media del prezzo di entrata per i cinque show tenuti in Giappone è stata di 100 dollari a biglietto, in tutto e per tutto uguale a quella di Lady Gaga. E di circa la metà, 50 dollari, per gli altri concerti nel resto del mondo. Se a questo sommiamo il merchandising e le vendite dell'ultimo album arriviamo alla cifra di quasi 20 milioni di dollari per un paio di mesi di lavoro!"

- Beati loro, - ribatte Ai, - mi ci vorrebbero dieci vite per arrivare a quella cifra!
- Sembra esagerato, ma lo show business è anche questo. Niente di più, niente di meno di quello che accade nello sport, nel cinema e nell'arte più in generale. Pensa alle opere di tanti artisti contemporanei valutate cifre inusitate perché, magari, hanno solo un aspetto stravagante, fuori dell'ordinario...

"Al di là della musica, il look di L'Arc~en~Ciel è un altro modo per evidenziare la distanza da altre band. Abiti regolarmente e scandalosamente futuristici e spettacoli con la loro band alter-ego P'UNK-en-Ciel. Grazie ai milioni di dischi venduti e un seguito di culto in tutto il mondo, la band non ha mai avuto bisogno di testare il mercato statunitense. Il suo ultimo album, *Butterfly*, ha debuttato in cima alle classifiche giapponesi nel mese di febbraio 2012 con 170.000 copie vendute. E altrettanto seguito nei Paesi europei".

Insomma, quando Forbes parla, c'è poco da obiettare. Il look è pur sempre look. Come quando L'Arc~en~Ciel si trasforma in P'UNK ~en~ Ciel, l'alter ego del gruppo introdotto nel 2004 e in cui Hyde passa alla chitarra, Ken alla batteria, Yukihiro suona il basso e Tetsuya si piazza alla voce caratterizzando, con la sua timbrica, il sound punk sposato all'ennesimo cambio di stile fatto di mantelli, bende da pirata e maschere antigas. D'altronde l'aspetto, l'apparenza, l'immagine, contano. Eccome. Hyde è stato definito "come una medusa dalle lunghe e vorticose treccine bionde che salta allegramente sul palco". Una cosa rimarcata proprio dal giornalista di Forbes.

"Se L'Arc-en-Ciel è la quintessenza della rock band giapponese, allora il cantante e leader del gruppo Hyde è la rock star per eccellenza. Per l'intervista sfoggia un paio di occhiali Prada di grandi dimensioni e anche un entourage da brivido zeppo di manager, fotografi e addetti alle PR. Un attimo prima dell'intervento delle telecamere, un hair designer si materializza accanto a lui per dare l'ultimo tocco artistico ai suoi capelli neri ondulati trasformandolo in una versione bionda di Johnny Depp nei panni del capitano Jack Sparrow".

In definitiva, il fascino dell'arcobaleno deriva non solo dalla sua forma circolare e dall'angolo di 42 gradi che ottimizza l'intensità dei raggi solari riflessi dalle goccioline d'acqua, ma anche dalle bande colorate, dal look stesso. Chi vorrebbe mai vedere un arcobaleno in bianco e nero anziché rosso, arancione, giallo, verde, blu e via dicendo?
E poi, a pensarci bene, Hyde è forse il più androgino front man mai visto dai tempi di Bowie. Uno che indossa blazer neri lunghi con spalline, canotte strassate, pantaloni larghi a zampa d'elefante, capelli a treccine bionde, guanti, spillette, borchiette e cappelli a tesa larga più vistosi di quelli di Alicia Keys. Volendo sintetizzare il concetto, gli Arc~en~Ciel sono significativamente più strani e immaginari dal vivo che su disco. Un vero arcobaleno di musica e colori. Poco da dire...

<u>Curiosità</u>: Il tour mondiale del 2012 per festeggiare il loro 20° anniversario li ha portati a Hong Kong (3 marzo), Bangkok (7 marzo), Shanghai (10 marzo), Taipei (17 marzo), New York (25 marzo), Londra (11 aprile), Parigi (14 aprile), Singapore (28 aprile), Jakarta (2 maggio), Seoul (5 maggio), Yokohama (12-13 maggio), Osaka (19-20 maggio), Tokyo (26-27 maggio), Honolulu (31 maggio e 1 giugno, data riservata ai membri del fan club). Il sindaco di Honolulu Peter Carlisle, piombato a sorpresa prima dell'esibizione del 31 maggio, sottolineò pubblicamente come "la band avesse dato un grande contributo alle attività culturali e costruito un ponte di amicizia tra le Hawaii e il Giappone".

(*) *L'Arc-en-Ciel: The Richest Rock Band You've Never Heard Of* (da www.forbes.com)

CAPITOLO 49

ARC~EN~CIEL VS ARC-EN-CIEL.
TILDE O TRATTINO?

Quando hai capito la musica, dell'Arc~en~Ciel devi solo capire la... "tilde". Evviva! C'era una volta un trattino impiegato come lineetta, tratto d'unione o segno meno. Lo stesso usato nel nome del gruppo nipponico. Poi, un giorno, la lineetta si trasforma in un trattino a onda, un grafema che ti fa quasi imbestialire. Primo perché non ricordi a cosa serva. Benedetta ignoranza. Secondo perché non riesci a capire come mai ognuno lo usi come gli pare. Chi ci mette il trattino, chi la tilde: ma come si scrive questo benedetto nome? Devo per forza chiederlo ad Ai? Sigh...

- Be', la parola *tilde*, di origine spagnola, deriva dal verbo *tildar* col significato antico di "evidenziare" e dal latino *titulare* e *titulum* "segno, iscrizione". Però, a dirla tutta, in spagnolo indica qualunque segno posto sopra un'abbreviazione o una lettera per caratterizzarne pronuncia e accentuazione. Credo che appartenga anche al sistema ortografico castigliano e venga utilizzato come accento grafico, per evidenziare la lettera "ñ".
- Cervellona, hai copiato da Wikipedia?
- Stai scherzando? Ma ti sembro il tipo? Semmai ho verificato anche lì!
- Vabbè, ma in giapponese?
- Fregato!
- Eh?!
- Fregato, perché in giapponese la tilde (*nami dasshu*) non è altro che un trattino a onda! E ha la stessa funzione della lineetta occidentale. Si usa a scopo decorativo, divide titolo dal sottotitolo, oppure si mette al posto del *chōon* per indicare un allungamento vocalico marcato in scritti informali o nei fumetti.

La guardo per attimo, tremo a pensare alle conseguenze della richiesta di spiegazione sul significato del *chōon* e passo oltre. Che il *chōon* vada a farsi friggere, dico a me stesso...

- Comunque, - riprende Ai, - se non lo sapessi il *chōon* è un carattere tipografico giapponese usato per indicare una vocale lunga soprattutto nella scrittura in katakana. È fatto da un tratto orizzontale della lunghezza di un kanji o di un carattere kana al centro del testo.

- Adesso leggi pure nel pensiero?

- No, vedo solo le tue espressioni facciali e mi regolo di conseguenza. Però fossi in te non mi farei grossi problemi. Nell'ultimo concerto a cui ho assistito, la "tilde" non c'era!

- Ovvero?

- Nel concerto al Kokuritsu-Kyōgijō di Tokyo del 21 e 22 Marzo 2014, poco tempo fa, le enormi scritte nello stadio riportavano solo un normale trattino!

- Quindi tante seghe mentali per nulla?

- Sì e no, so benissimo che da altre parti c'era la tilde, come su alcuni album oppure su molti siti web, ma credo che sia poco rilevante rispetto alla musica.

- Di cui mi dici poco e nulla, ovviamente!

- Mi torna in mente la loro entrata in scena, direttamente da sotto il palco a bordo di capsule a forma di teletrasporto, piccole navicelle spaziali singole, per ogni membro della band. E poi una manciata di brani a tratti, ma non ho una memoria così analitica cone la tua. Sicuramente **Bless** e la sua intrigante melodia, i giri vocali di Hyde, anzi, le sue modulazioni.

- Tutto qui?

- **My Heart Draws a Dream** rimane sempre incredibile. Con le "balene" proiettate sulle tribune dello stadio davanti al palco. Un gioco di luci, colori e immagini incredibili realizzato grazie a 100 proiettori laser 3D con effetti di videomapping. Adesso che ricordo, intere sezioni dello stadio si illuminavano a comando grazie alla "bacchetta magica" a LED che Hyde maneggiava a metà spettacolo. A tutti gli spettatori, a seconda dei posti erano stati forniti impermeabili e ben 80.000 bracciali luminosi e piccole lanterne portabili che, insieme ai giochi di luce, hanno dato vita a uno spettacolo avvincente.

- L'ho visto fare anche ai Coldplay nella loro tournée *Mylo Xyloto* con i braccialetti LED e i fuochi d'artificio. Un bel caleidoscopio allo Stade de France davanti a 75mila persone il 2 settembre del 2012.

- Lo conosco quel tour, hai ragione, ma qui era tutto più raffinato e la resa finale, ti assicuro, è stata strepitosa. Inoltre, in entrambi i casi, si tratta sempre di un gran bel modo di coinvolgere il pubblico, una sorta di anello di congiunzione tra chi si trova davanti al palco, chi sta nelle tribune in alto o nei posti lontani, fino ad arrivare a quelli in fondo. Grazie a questo tipo di tecnologia sono riusciti a visualizzare anche il nome della band stessa, L'Arc~en~Ciel che copriva in larghezza praticamente tutte le tribune centrali. Tutto colorato in luminosissimi e bellissimi led bluette.

- E poi?

- E poi tutto il concerto. Con **Blame,** grandiosa. **Driver's High,** un rock'n'roll dark stile primi Cure. Dopodiché **Link,** suprema. E **Shade of Season,** magistrale e più dark che mai, con vocalizzi che sembravano usciti dal mondo sotterraneo di *Underworld.* Quasi che Dracula fosse lì a fare da spettatore in incognito nascosto da qualche parte, magari dietro ai banchi mixer.

- Non posso che essere d'accordo. In *Shade of Season* dal vivo, il tono della voce di Hyde ha sempre una timbrica spettacolare, profonda come se cantasse Mefisto dalla Fossa delle Marianne, oppure Jim Morrison in persona direttamente dal centro della Terra.

- E alla fine, conclude Ai, c'è sempre l'incredibile **Anata.**

- Già, **Anata**... una perla rara, senza tempo, coinvolgente come *il Cielo* di Renato Zero oppure *E Tu* di Claudio Baglioni o *Amore che vieni, amore che vai* di Fabrizio De André. Altri paragoni con celebri popstar internazionali evito di farli. Così nessuno, tantomeno tu, può accusarmi di esagerare. Anche se... volendo volendo... potrei parlare di *She* di Elvis Costello, *Wild Horses* dei Rolling Stones oppure *A Salty Dog* dei Procol Harum, che ne dici? Almeno per le atmosfere e la capacità di coinvolgimento...

- La penso come te.

- Incredibile, - dico io. - Quasi una sintonia di opinioni. E con un po' d'immaginazione ripenso alla canzone. "Non riesco a dormire, guardo la luna della finestra, penso a quel giorno, a quella scalinata che porta dritta verso il cielo". "Ho camminato ogni giorno, passo dopo passo, ma non importa quanto lontano abbia volto lo sguardo, sono certo che nella bella, come nella cattiva sorte, tu sei stata sempre al mio fianco". Al di là di parole o caratteri kanji, di traduzioni parziali e interpretazioni lessicali, il senso vero, parola più parola meno, è come la melodia del brano. Apprezzabile e coinvolgente.

Morale della favola: l'arcobaleno è velocissimo nel manifestarsi e altrettanto rapido nel dissolversi. Volenti o nolenti viviamo in tempi in cui la velocità è importante. E di ogni tipo. Velocità di studio, sviluppo, informazione, distribuzione commerciale, economica. Ma la velocità, almeno in fisica, è una grandezza che rappresenta il cambiamento della posizione di ognuno di noi in base al tempo. Velocità operativa, di fuga, di deriva, della luce, del... suono!

Definita, istante per istante, la velocità è sempre stata un elemento fondamentale della vita. Spazio diviso tempo, che nel sistema internazionale si misura in metri al secondo. E in lingua inglese viene indicata e circoscritta soprattutto con la parola *speed* (rapidità) per definire la velocità come valore assoluto, istantaneo, indipendentemente dalla sua posizione. A differenza di *velocity,* quella in senso vettoriale, a più dimensioni. Ma in un senso o nell'altro, la velocità è importantissima...

ALLA VELOCITÀ DELLA MUSICA. SUL PALCO OPPURE SULLE ROTAIE?

At the Speed of Sound. O quasi. Paul McCartney definirebbe sicuramente così la giornata-test dei treni nipponici a levitazione magnetica del 19 novembre 2014. Ma il settimo album da solista dell'ex baronetto britannico insieme ai Wings c'entra solo per il titolo. Perché in realtà a entrare nelle carrozze dell'ultimo prodigio tecnico del Sol Levante sono stati 100 fortunati passeggeri invitati a provare l'ebrezza di viaggiare a 505 km orari lungo i 42,8 chilometri che separano la città di Uenohara e quella di Fuefuki, nella prefettura di Yamanashi, sull'isola di Honshū. Un test che, tra qualche anno, potrebbe cambiare radicalmente il modo di viaggiare. Treni ovviamente più veloci dei "bullet train", i treni proiettile che viaggiano sulla linea ad alta velocità Shinkansen ad appena 320 km/h di velocità minima unendo gran parte del Paese. Queste piccole meraviglie sempre puntuali che hanno sbaragliato nel tempo la concorrenza aerea nipponica nelle tratte sotto le quattro ore, un giorno andranno in pensione. E verranno sostituiti dai treni MagLev, o JR-Maglev come sono chiamati questi ghepardi sospesi che viaggiano senza toccare le rotaie grazie alla levitazione magnetica. Già nel lontano 2 dicembre 2003 un JR-Maglev MLX01, sviluppato dal centro di ricerca Railway Technical Research Institute, fu testato sulla Yamanashi Maglev Test Line, nella prefettura di Yamanashi, raggiungendo la velocità record di 581 km/h.

Il treno si sollevava di 10 millimetri grazie all'azione dei magneti inseriti sulla rotaia guida e altri superconduttori messi lungo tutto il treno e fatti di una speciale lega di niobio e titanio raffreddata a -269 gradi centigradi da elio liquido. Poi, anni dopo, nel 2012 un altro treno MLX01 raggiunse con la sola motrice, senza carrozze trainate, addirittura i 623 km orari. Incredibile ieri come lo è oggi.

Secondo i programmi del governo giapponese, nel 2027 Tokyo e Nagoya (322 km) verranno collegate in 40 minuti grazie a un treno SCMaglev ed entro il 2040 Tokyo sarà unita a Osaka (oltre 500 km) in un'ora e sette minuti.

Certo, di treni MagLev ce ne sono stati anche a Berlino e Birmingham, poi smantellati per i costi, e tutt'ora uno di loro collega Shanghai con il suo aeroporto attraversando una tratta di 30 chilometri in 7 minuti alla velocità massima di 501,5 km orari (e media di 250 km/h). Ma nel caso dei nuovi treni, però, sembra essere arrivato il punto di svolta definitivo. Sempre con le dovute cautele perché, a tutt'oggi, il problema è rappresentato dai costi d'implementazione esorbitanti. I nuovi SCMaglev, che sfruttano i superconduttori, viaggiano su linee evolute ma economicamente dispendiose, se non proibitive. La sola tratta Tokyo-Nagoya costerà 50,9 miliardi di dollari, mentre per arrivare fino a Osaka ci vorranno 91,7 miliardi. Collegare Osaka, Nagoya, Yokohama e Tokyo con un SCMaglev potrebbe costare 150 miliardi di dollari. Una spesa incredibile. Non a caso, gli addetti ai lavori dicono che ci vorrà ancora tempo. Pur considerando che, in sostanza, se mai sperimenti, mai arrivi da nessuna parte. Basti ricordare il comparto automotive in cui i nipponici sono stati i primi a credere, investire e sperimentare per invadere poi il mercato mondiale con le loro auto a propulsione ibrida. Gioiellini tecnologici prodotti da marchi come Toyota, ormai leader indiscussa del settore. Solito discorso, mentre gli altri aspettano, loro ricercano, sperimentano e arrivano puntuali all'appuntamento col futuro. Sempre la solita vecchia storia: "Chi gira lecca, chi se ferma se secca", diceva tanti anni fa mio padre...

CAPITOLO 51

MISIA, AMBASCIATRICE ONORARIA DELLE NAZIONI UNITE

Che tu viaggi alla velocità del suono, oppure a quella della musica cambia poco: è sempre complicato fermarsi. Come nel caso di Misia, una davvero difficile da fermare. Nella musica come nella vita. Per impegno e professionalità. Per ardore e anche amore verso il prossimo. Dicono che la sua voce da cinque ottave sia capace di produrre suoni quasi inudibili per l'orecchio umano. Sicuramente è un'esagerazione, ma la verità non è poi così lontana. Nel marzo 2010 Misaki Itō, in arte Misia, cantautrice nipponica, è stata insignita anche del titolo onorifico di *Ambasciatrice Onoraria delle Nazioni Unite per il sostegno educativo alla biodiversità*. Un riconoscimento più che meritato. Certo, chiunque abbia assistito al *Grand Finale 2012 In Yokohama Arena* del suo tour *Japan Soul Quest* non può stupirsi più di tanto. La "balenottera" azzurra che levita nell'aria per oltre dieci minuti a fine esibizione mentre lei canta *Life in Harmony* la dice lunga in proposito. E non a caso. Perché Misia, oltre a essere considerata la più autentica rhythm and blues star del Sol Levante è una che s'impegna tantissimo in progetti di solidarietà destinati alle popolazioni di Mali, Kenya o Malawi. E anche oltre. Opere umanitarie e musicali. Opere di bene per il corpo e musicali per la mente, anzi, per l'anima.

- In Giappone tutti gli appassionati di musica sanno bene che Misia preferisce tenere i suoi spettacoli all'aperto, - esordisce Ai. - E quando è possibile, meglio in aeree con tanti alberi. Anche le scenografie dei concerti sono ispirate al mondo della natura e della spiritualità, come per il *Misia Candle Night at Okinawa*. O per meglio dire il *Misia Candle Night at Okinawa's Nakagusuku Castle Ruins,* come direbbero gli americani.

- Ovvero?

- Il Nakagusuku Castle è uno dei castelli costruiti sull'isola di Okinawa durante il Regno delle Ryūkyū. Il leggendario comandante Gosamaru, signore delle popolazioni indigene di Okinawa chiamate Ryūkyū-an, costruì la fortezza agli inizi del 15° secolo per difendersi dagli attacchi del temibile lord Amawari del Katsuren Castle di Uruma, pretendente al trono del Regno delle Ryūkyū.

- E be' certo... ehm... capisco... (Chi non conosce il signore delle Ryūkyū?!)

- Il castello, ormai in rovina, è stato aggiunto alla lista dei siti Patrimonio dell'Umanità dell'UNESCO nel 2000. Il Nakagusuku Castle è considerato uno dei 100 manieri più famosi del Giappone, le rovine sono costituite da sei cortili, con pareti murarie curve fatte da pietra calcarea di Ryūkyū. È una zona molto panoramica che offre una splendida vista con l'Oceano Pacifico a est, il Mar Cinese Orientale a ovest, la penisola Katsuren a nord e la penisola Chinen a sud.

- E lì è arrivata Misia?

- Già, la *Misia Candle Night* c'è stata lo scorso 23 e 30 agosto 2014, ma anche a settembre trasmesso poi, credo, su MTV Japan. Uno spettacolo coinvolgente per la musica e le ambientazioni con centinaia di candele, di minuscoli lumini di cera accesi come durante la festa dell'Obon nipponica.

- Bagliori, barlumi e riverberi guida per gli spiriti musicali! No? - Ridacchio.

- Volendo potrei dire di sì, perché no?

Nata e cresciuta a Ōmura, prefettura di Nagasaki, il 7 luglio del 1978, Misia ha vissuto in una famiglia dove la musica è sempre stata di casa. Si trasferisce prima a Tsushima e poi a Fukuoka, città nota per la sua scena rock, dopodiché, alla scuola superiore sviluppa un interesse particolare per il rhythm and blues grazie agli insegnamenti dei suoi due vocal trainer e maestri di canto afroamericani. Dopo essere entrata alla Seinan Gakuin University, nel 1997, supera un provino tra 3000 aspiranti artisti indetto dalla casa discografica BMG. E a quel punto comincia la sua l'avventura. (Appunti presi velocemente tra una canzone e l'altra).

- Ma il suo nome d'arte? - Chiedo io.

- Il suo nome da cantante sembra sia una combinazione tra Misaki e Asia, o addirittura Messia e Asia. In un caso o nell'altro, più che il nome vale la carriera musicale. *Tsutsumi Komu You ni*, nel 1998, rimane per 27 settimane in classifica e vende 400.000 copie. Il secondo singolo *Hi No Ataru Basho,* entra nella Top Ten mentre il suo album di debutto, *Mother Father Brother Sister,* sempre del 1998 si piazza quattro settimane in cima alle classifiche e vende oltre due milioni e mezzo di copie. Sempre in quell'anno, Misia si aggiudica per due volte il disco d'oro Japan Gold Disc Awards.

- Tanto di cappello, no?

- Il suo sound mi ha sempre preso. Difficile che tu riesca a insegnarmi qualcosa. Conosco la biografia quasi a memoria. Nel 2000, con *Love Is the Message* continua la sua fase positiva e sfiora altri due milioni di copie vendute seguite da *Marvelous* (2001), con oltre un milione e mezzo.

- E qui ti blocco io perchè (la so, la so) - con *Kiss in the Sky,* quarto album del 2002, arriva la collaborazione con Tak Matsumoto, leader dei B'z e anche il disco di platino. Senza dimenticare che (e qui viene la parte che mi piace di più), il 1° gennaio 2001 Misia scrive e poi registra il singolo *I Miss You (Toki wo Koete)* duettando con Miwa Yoshida affiancata da Masato Nakamura dei Dreams Come True, la sua band preferita. E anche la mia, lo sai, no? Con il nome Misia+DCT il singolo vende 224,740 copie solo nella prima settimana del lancio piazzandosi al 3° posto della classifica. E qui si ferma l'asino! Cioè io!

Ai sorride e con espressione comprensiva continua...

- A quel punto del suo percorso artistico ha cominciato a comporre anche canzoni per colonne sonore di film, fiction e videogame. E soprattutto performance dal vivo, concerti e ancora concerti fino all'immancabile debutto oltreoceano del 2007 che, in Giappone, a differenza di Europa e USA, significa Taiwan, Seoul, Singapore, Hong Kong e Shanghai.

- Alla faccia del kpop! Non aspettavo che l'occasione per ridirlo!

- Okay, te lo concedo, anche se non la penso così... Per farla breve, quando arriva il 2004, Misia è la prima artista femminile del Sol Levante che si esibisce nei cinque principali stadi nipponici (Tokyo Dome, Nagoya Dome, Osaka Dome, Sapporo Dome e Fukuoka

Dome), per un totale di 370.000 spettatori in ben 7 concerti. Che ne dici? In pratica, al di là dei concerti, credo abbia venduto oltre 30 milioni di dischi.

- E in teoria? - la punzecchio io...

- In teoria è una gran simpaticona, brava, bella e molto sensibile, - ribatte Ai. - I proventi del suo album dal vivo *Hoshizora no Live*, sono stati devoluti ai progetti del *Segretariato per la Convenzione sulla Diversità Biologica*. Il suo chiodo fisso, come diresti tu, è sempre stato quello di incoraggiare e stimolare la sensibilità di tutti nei confronti dell'ambiente.

- Uhm, - ribatto. Vediamo, **CBD**, dall'inglese Convention on Biological Diversity, ovvero Convenzione sulla diversità biologica...

- Sì, - risponde lei da saputella. - È il trattato internazionale stipulato nel 1992 per la tutela e conservazione della biodiversità, l'uso ecosostenibile e la giusta ripartizione dei vantaggi che derivano dallo sfruttamento delle risorse genetiche.

- Aspetta, aspetta, mica scemo io! Ecco cosa sostiene testualmente una delle voci sull'uso dei termini nell'art. 2 della *Convenzione sulla diversità biologica* sottoscritta a Rio de Janeiro il 5 giugno 1992 e ratificata in Italia il 14 febbraio 1994 con Legge n.124. "L'espressione *diversità biologica* significa la variabilità degli organismi viventi di ogni origine, compresi inter alia gli ecosistemi terrestri, marini ed altri ecosistemi acquatici e i complessi ecologici di cui fanno parte; ciò include la diversità nell'ambito delle specie e tra le specie degli ecosistemi".

- Sì, - risponde lei, - e l'art. 1 cita testualmente: "Gli obiettivi della presente Convenzione, da perseguire in conformità con le sue disposizioni pertinenti, sono la conservazione della diversità biologica, l'uso durevole dei suoi componenti e la ripartizione giusta ed equa dei benefici derivanti dall'utilizzazione delle risorse genetiche, grazie ad un accesso soddisfacente alle risorse genetiche ed un adeguato trasferimento delle tecnologie pertinenti in considerazione di tutti i diritti su tali risorse e tecnologie, e grazie ad adeguati finanziamenti".

- Già, - aggiungo, - allora pensa che l'art. 3, dedicato al Principio della Convenzione, in sintesi sostiene che "in conformità con lo Statuto delle Nazioni Unite e con i principi del diritto internazionale, gli Stati hanno il diritto di sfruttare le loro risorse ma anche il dovere di fare in modo che le attività esercitate nell'ambito della loro giurisdizione o sotto il loro controllo non causino danni all'ambiente in altri Stati o in zone che non dipendono da nessuna giurisdizione nazionale". Bella, eh? Sembrano tutti preoccuparsi moltissimo...

- Ma, - mi ringalluzzisco io, - non si faceva prima a dire che bisogna proteggere l'ambiente dall'inquinamento e lo sfruttamento indiscriminato a scopo di lucro? Non era meglio dire che dobbiamo tutelare ogni tipo di biodiversità, da quella marina a quella montana, da quella animale a quella climatica, forestale e via discorrendo? Non si faceva prima a dire che dobbiamo combattere la povertà, la fame, l'accesso limitato di ampie fette della popolazione mondiale alle risorse basilari come il cibo e l'acqua? No?

- Ma forse così la gente non avrebbe captato bene il messaggio! (Espressione ironica).

- Sigh! Invece codificando tutto (come al solito) in burocratichese-giuridico semicomprensibile pensi che le cose siano più chiare? I grandi della Terra, hanno messo per iscritto le loro buone intenzioni, poi se ne fottono ampiamente...

- Okay, ma polemizzare serve a poco, soprattutto con me...

- Uhm, pensa che secondo i dati Oms e Unicef, ogni giorno nel mondo 780 milioni di persone non hanno accesso all'acqua potabile (soprattutto in Africa) e più di 4.000 bambini sotto i 5 anni di età muoiono per la cattiva qualità dell'acqua stessa...

- Un dramma, lo so bene, - ribatte lei.

- Già, è incolore, insapore e inodore. Ma senza di lei non andiamo da nessuna parte. Parlo dell'acqua, naturalmente.

- Forse Misia lo ha capito meglio di noi due. E poi, a ben vedere, è anche grazie a lei se ne stiamo parlando ora. Non pensi?

- Forse sì. Forse hai ragione tu.

Proprio così. Due atomi di idrogeno legati a un atomo di ossigeno. Ovvero H_2O, la formula molecolare dell'elemento indispensabile alla vita sulla Terra: l'acqua.

CAPITOLO 52

IDROGENO, L'ANIMA DEL ROCK'N'ROLL. UNA VERA... BOMBA!

Simbolo H, numero atomico 1. Primo elemento chimico della tavola periodica. Il suo nome è idrogeno, gas incolore, inodore e altamente infiammabile, l'elemento più leggero e abbondante dell'universo. Lo trovi nell'acqua (11,19%), in ogni composto organico, in tutti gli organismi viventi. Lo scoprì nel lontano 1766 il francese Henry Cavendish che lo ribattezzò "aria infiammabile". La parola stessa deriva dal greco e vuol dire proprio "generatore di acqua". L'idrogeno è l'elemento più abbondante dell'universo, rappresenta quasi il 55% della materia cosmica e il 77% di quella stellare. Ma nell'aria che ognuno di noi respira quasi non c'è, a causa della sua bassa densità che lo fa salire verso l'alto fino ad abbandonare l'atmosfera. Allo stato libero e molecolare, sul nostro pianeta è scarsamente presente. Ma basta alzare lo sguardo verso il cielo per capire che Mr. Idrogeno è il protagonista assoluto dell'universo. Basta chiederlo (o pensare) alle stelle, fatte principalmente d'idrogeno allo stato di plasma, combustibile principale delle loro reazioni termonucleari. In fin dei conti per certe reazioni ci vuole energia. Ogni stella che si rispetti è fatta d'idrogeno. Né più né meno come quelle del rock. Stelle particolari, naturalmente, alimentate nel loro percorso artistico da inevitabili combustioni interne innescate dalla creatività musicale. Con innumerevoli e conseguenti esplosioni sul palco. Come nel caso del Maestro del rock'n'roll nipponico. Uno capace, forte, tosto, fatto d'energia allo stato puro. Altro che idrogeno.

Dategli un punto d'appoggio e vi solleverà il mondo. Se non lo trova, lui se lo inventa lo stesso. La passione è genuina: il rock'n'roll. Il talento è innato: dall'Asbury-sound alle ballate folk, dal jersey-rock rielaborato in chiave nipponica a quello giocoso e festaiolo da FM. Il suo nome è Tsuyoshi Nagabuchi, nato il 7 settembre del 1956 a Hioki, Kagoshima. Cantautore, attore, poeta, paladino dei diritti civili e figura di spicco della musica pop-rock giapponese. Ha venduto più di 22 milioni di dischi in Giappone, interpretato ruoli cinematografici e televisivi ma, soprattutto, è riuscito a dire cose profonde e importanti in maniera semplice. Verrebbe da dire che, al pari di Springsteen che ha raccontato l'america in ogni minimo particolare, Nagabuchi ha narrato forse l'anima autentica del Giappone. E favoleggiato di un mondo ideale. Insomma è uno che ha costruito il suo avvenire album dopo album, da *Gyakuryū (逆流 Counterflow)* del 1979 fino al recente *Stay Alive* a colpi di performances fatte al 50 per cento di ispirazione e al 50 di traspirazione. Però non si tratta di un clone, come a prima vista verrebbe da pensare, ma di un artista a tutto rock'n'roll. Altro che "tondo" come richiederebbe il modo di dire. Questo perché lui è un tipetto tosto e muscoloso. Tsuyoshi ha dipinto il ritratto di un Giappone solitario, malinconico e gioioso allo stesso tempo. Quasi un monologo teatrale, il suo, declamato sul palco e fatto di album e pezzi come *Try Again* oppure *Don't Cry My Love* grazie ai quali è stato capace di illustrare una nazione parlando ai fan senza mezzi termini.

Sì, certo, singoli come *Kanpai* e *Tonbo* sono popolarissimi in Giappone. Ma Tsuyoshi Nagabuchi ne ha scritte di tutti i colori. Tanto rock e, a mio modo di vedere, ballate melodiche acustiche abbinate a chitarra e pianoforte da brivido, emozionanti e intense come pochi sanno scrivere e poi interpretare. Parlo di cosucce tipo *Close Your Eyes* oppure *(Hitotsu)* ひとつ e *(Itōshiki Sishataci yo)* 愛おしき死者たちよ (settima e decima canzone di *Stay Alive*) e *Nan no Mujun mo nai* 何の矛盾もない *-new vocal-* (seconda dell'album antologico *Love*). E ancora *(Hachigatsu no Ame no Hi)* 八月の雨の日 (quarto brano del greatest hits *Songs*). Insomma, Tsuyoshi è uno capace di fare faville: non cerca affatto di somigliare solo a a se stesso, ma aggiorna e omaggia tutti quei brani, tutte quelle sonorità che hanno fatto la storia del rock'n'roll, del presente e del passato.

ALL RIGHT, È SOLO "TRUZZ-AND-ROLL". MA CI PIACE COSÌ!

"La musica di Springsteen, suonata con energia dalla migliore rock band del mondo", disse anni fa il sindacalista americano Don Craig, "evoca la forza, la flessibilità, l'anima, il cuore dell'america operaia e non solo...".

La musica di Tsuyoshi Nagabuchi non è molto diversa, parla ovviamente di un mondo differente ma arrangiato in maniera similare. All'età di 15 anni compra la sua prima chitarra. Ama le canzoni folk di artisti nipponici come Takurō Yoshida, Ryō Kagawa, Masato Tomobe e Kenji Endō. Adora soprattutto un brano intitolato *One Road Straight,* quello che lo segna per la vita. Capisce il valore delle canzoni folk di protesta e decide di diventare musicista.

Nel 1973, a solo 17 anni, esordisce a un piccolo festival universitario e poi, intorno al 1974, forma un duo folk chiamato "Takeshi e Tsuyoshi" con cui comincia muovere i primi passi. Nel 1975, entra alla Kyūshū Sangyō University, ma alla fine abbandona e sceglie la strada dello spettacolo. Che non è sempre facile. Suona nei bar fino a notte fonda, qualcuno lo applaude, altri lo fischiano e si becca pure qualche bottigliata in testa. Anni dopo, ricorderà i vecchi tempi confessando che quelle esperienze lo avevano per certi versi segnato, ma anche temprato nello spirito.

La sua vera carriera come solista comincia nel 1976 quando partecipa a un concorso musicale, lo Yamaha Popular Music Song Contest, in cui canta la canzone *Ame no Arashiyama* e vince il primo premio.

- Tsuyoshi è una figura di spicco nella musica popolare giapponese. O lo ami, oppure lo detesti, - dice Ai. - Non ci sono grandi vie di mezzo.

- Una mia amica, sua grande fan, - continua Ai, - non perde quasi nessuno dei suoi concerti. Che dalle nostre parti hanno fatto storia. Affluenze record allo Yokohama Stadium e allo Yokohama Red Brick Warehouse, 65mila persone al Tokyo Dome nel 1992 e poi ben 75 mila fan riuniti per l'*All Night Long Concert* dell'estate 2004 a Sakurajima, Kagoshima. I giornali scrissero che quell'evento generò una ricaduta economica di 5 miliardi di yen (quasi 34 milioni di euro), un argomento di grosso impatto mediatico in tutto il Giappone.

Come dargli torto? Quello di Tsuyoshi Nagabuchi è un vero marchio di fabbrica: folksinger dallo stile vocale marcato, forzato, a tratti impastato, sonorità folk rock stile Dylan/Springsteen, interludi strumentali accentuati e ripetuti, ammiccamenti al pubblico e tanta energia.
Con il singolo *Shiawase Ni Narou yo*, nel 2003, Tsuyoshi raggiunge la bella cifra di 10 milioni di singoli venduti con dodici album finiti nelle classifiche Oricon Charts. Ma solo nel 2009, dopo l'arrivo alla Universal Music, la presenza di Tsuyoshi sulla scena musicale guadagna il sostegno di ogni generazione.
- In Giappone Tsuyoshi è quasi una divinità da venerare. La sua fama è basata su un carattere solido, convinzioni altrettanto decise e un'energia irrefrenabile. C'era un bellissimo video su YouTube che lo descriveva benissimo in pochi minuti!
- Lo so: l'ho tradotto recentemente e devo dire che tutto corrisponde e calza al pennello. "Nell'aprile 2011, un mese dopo il terremoto e lo tsunami, Tsuyoshi si precipita a Ishinomaki per visitare i centri di evacuazione e toccare con mano le devastanti conseguenze della tragedia sismica. Alla base aerea di Matsushima, Tsuyoshi offre sostegno alle forze di autodifesa mobilitate in soccorso della popolazione e stremate dalla frenetica attività di soccorso. Laggiù, con la sua chitarra, Tsuyoshi incoraggia e solleva lo spirito di 5000 persone. E le immagini della sua performance si diffondono rapidamente in tutto il Giappone grazie a YouTube."
- E poi il commento video continua: "Nell'estate del 2011, le sua attività di sostegno vanno oltre la musica e invita 20 ragazzi delle scuole elementari evacuati da Fukushima nella sua città natale di Kagoshima. Nel Capodanno dello stesso anno, in diretta dal luogo della tragedia, si esibisce nel programma musicale più seguito e popolare del Giappone *Kouhaku Utagassen*. Le emozioni generate dalle sue canzoni coinvolgono in diretta tutto il Paese. La sua presenza scenica, la tenacia e la bravura impressionano un po' tutti. Così come il suo stile autentico, passionale valorizzato da messaggi che sono veramente senza confini".

- Insomma, lui non sembra proprio uno appartato in famiglia nel suo piccolo e ristretto cerchio esistenziale, quello che segue solo le regole del gioco, della routine quotidiana nipponica e bla bla bla...
- Niente affatto, lui è uno che corre senza stancarsi. Anzi forse si stanca solo quando è costretto a camminare, anzichè correre! - Replica significativa di Ai.
- Abbiamo esagerato? Chissà...

POST SCRIPTUM

"Dice che era un bell'uomo e veniva dal mare", cantava il grande Lucio Dalla nella sua canzone *4 marzo 1943*. Certo, Tsuyoshi non è affatto un adone, ma sicuramente "un tipo", come ho sempre pensato, eppure...
- Mio Dio, ma chi è questo "truzzo"? Esclama la mia amica Francy dopo avermi sorpreso un sabato sera a vedere il Blu-ray del suo concerto *Arena Tour 2010-2011 Try Again Live at Yoyogi National Stadium*.
- Truzzo? E che vorrà mai dire? È solo un'impressione. Non è truzzo Bruce Springsteen quando sfoggia le sue t-shirt o canotte bianche che siano? Non è mai stato truzzo Adriano Celentano in tanti anni di carriera passati tra musica e film? Non sono truzzi tanti rapper di moda negli States o, peggio ancora, tanti hip-hoppisti italiani di seconda e terza periferia? Un rocker è truzzo solo per l'aspetto? Solo perché ama indossare soprabiti in pelle, occhiali scuri, bracciali, bandane, catene e catenelle d'oro al collo? Basta questo per essere definiti tali?
Magari potessimo essere tutti truzzi ribelli un po' eccentrici in quel modo. No?! Magari tanti truzzi in circolazione riuscissero a coinvolgere il pubblico a quella maniera, oppure a scrivere canzoni del genere. Saremmo tutti più felici e magari anche... truzzi! (Continuo a esagerare?)

Tsuyoshi narra l'allegra voce della realtà, la poesia dei sentimenti "on the road alla nipponica", ma anche le emozioni di un'umanità ammassata e rabbiosa, recitando probabilmente un ruolo fondamentale per quel pubblico disabituato a leggere versi, ma disposto ad ascoltarli attraverso la musica. Se fossi un giornalista forse comincerei il mio immaginario articolo su Nagabuchi proprio in questo modo. E il titoletto sarebbe sicuramente questo: Tsuyoshi Nagabuchi, un vero jukebox all'idrogeno! Tanto per dirla alla Allen Ginsberg. STOP.

"MIRAI, MIRAI", MA CON L'IDROGENO CHE FAI? NUOVE FONTI DI ENERGIA...

L'idrogeno è il propellente delle stelle, musicali e meno, ma anche quello delle auto del prossimo futuro. Basta una fuel cell, ovvero una pila a combustibile (o cella a combustibile). In altre parole un dispositivo elettrochimico capace di generare elettricità da idrogeno e ossigeno senza nessun tipo di combustione termica. Le fuel cell sono alla base dell'auto a idrogeno, quella che va ad acqua. Acqua che diventa idrogeno (elettrolisi) che si ritrasforma in energia che alimenta un motore elettrico rilasciando a sua volta ancora acqua dallo scarico. In Giappone è già bella che pronta. Alla Toyota l'hanno chiamata Mirai e, dopo la presentazione al Los Angeles Auto Show del novembre 2014, è arrivata negli show room nipponici il 15 dicembre dello stesso anno. Dopo qualche mese è sbarcata in Nordamerica, California in testa e poi in Europa dove sarà commercializzata non prima del settembre 2015, ma solo in Gran Bretagna, Danimarca e Germania. Il prezzo? Non proprio economico: 66mila euro più IVA. Ma quando la produzione supererà le 50-100 unità all'anno previste inizialmente, le economie di scala faranno scendere anche il costo. "Abbiamo immaginato un mondo in cui ci saranno sempre più veicoli che non usino combustibili fossili", ha dichiarato recentemente Akio Toyoda, presidente del gruppo Toyota. "Il nostro veicolo si muove grazie all'idrogeno che, teoricamente, può essere prodotto da qualunque sostanza, anche dai rifiuti! Inoltre le celle a combustibile che equipaggiano la Mirai potrebbero fornire elettricità sufficiente per una settimana a un'intera abitazione". Il futuro è arrivato? Chissà, per ora sappiamo che la parola "Mirai", tradotta in italiano, vuol dire proprio "futuro". Un futuro con un motore elettrico da 114 chilowatt (155 cavalli), accelerazione 0/100 in 9,6 secondi e velocità massima di 178 km/h. Idrogeno compresso a 700 bar e stoccato in due serbatoi posteriori in plastica e fibra di carbonio. Solo 5 kg di idrogeno che garantiscono un'autonomia di circa 500 km. A bordo è integrato anche un pacchetto di batterie al nichel, simili a quelle della Toyota Prius, indispensabili per accumulare l'energia recuperata in frenata. Insomma, autonomia di 500 km ed emissioni fatte solo di vapore acqueo, l'uovo di colombo. In California, per ora ci sono una decina di distributori che, secondo i piani, dovrebbero diventare 51 entro il 2017 e 100 nel 2020. In America per fare il pieno alla Mirai bastano appena 5 minuti e 49 euro (9,99 dollari al chilo di idrogeno). E nel bagagliaio c'è anche l'attacco per collegare l'auto alla rete domestica. Con un pieno di idrogeno la Mirai produce energia elettrica sufficiente al fabbisogno settimanale di un'abitazione media. Un'automobile simile a una piccola centrale energetica. "Un'ottima soluzione in caso di emergenze", vedi terremoti e altri disastri, sottolineano gli ingegneri della casa nipponica. Insomma il futuro sembra già iniziato. E, nonostante altre grandi case automibilistiche europee siano anche loro pronte con modelli e prototipi, la Mirai passerà alla storia per essere la prima vettura a idrogeno commercializzata nell'epoca moderna. Ennesima Medaglia d'oro al valore tecnologico da appuntare sul petto della ricerca industriale nipponica.

CAPITOLO 55

MEDAL OF HONOR. MIYUKI LA VETERANA...

Se lo spirito Toyota è il modello nipponico (riconosciuto globalmente) della qualità totale, musica e carriera di Miyuki Nakajima ne rappresentano sicuramente quasi la parafrasi, l'interpretazione, la decodificazione in campo artistico. Il Total Quality Management, l'approccio nato in Giappone e implementato dal professor Kaoru Ishikawa già nel lontano 1950 e diffuso poi negli Stati Uniti, è un po' il concept musicale dell'artista di Sapporo, Hokkaidō. Paragone improprio? Forzatura? Azzardo? Sicuramente sì, ma se affermazioni come "il miglioramento della qualità è un processo continuo" e "il risultato non viene raggiunto dal management, ma dal lavoro diretto sul prodotto grazie anche al lavoro di squadra e la partecipazione di tutti negli obiettivi" hanno davvero un valore, allora è impossibile non menzionare l'artista nipponica nata nel lontano 23 febbraio del 1952. Lei è una di quelle che i maghi delle teorie della Qualità Totale definirebbero, a mio avviso, una vera artista "kaizen". Kaizen? E cosa diavolo vuol dire?

- Be', - entra subito in gioco Ai, - in realtà si tratta di quella strategia di management nipponica che vuol dire "miglioramento lento e continuo" o anche "cambiare in meglio" e si basa sulla convinzione che tutti gli aspetti della vita possano essere costantemente migliorati. Mentre in molte aziende l'innovazione viene vista come un miglioramento rapido, che ha bisogno di grandi risorse e della rottura con il passato, il kaizen è, generalizzando, un miglioramento lentissimo ma costante, quasi inarrestabile che non rompe col passato, ma si ispira a quello che c'è stato per migliorare il presente e andare incontro al futuro. Anche se, a mio avviso, stai andando un po' fuori dal seminato. Mi sembra un accostamento improprio, se non addirittura sbagliato...
- Okay, forse hai ragione, probabilmente è una specie di "speculazione verbale" personale. Volevo solo cercare di dire che la musica e la carriera di Miyuki Nakajima hanno seguito un continuo processo di evoluzione qualitativa. Al pari della metodologia kaizen che incoraggia i piccoli miglioramenti da realizzare ora dopo ora, giorno dopo giorno, continuamente...
- Allora, se è per questo, tutti gli artisti o le band pop seguono un percorso di maturazione durante la loro carriera, no? - Ribatte Ai.
- Mica è vero! Tanti artisti, spesso, durano solo un anno e poi scompaiono dalla circolazione. Altri arrivano ai vertici della popolarità e poi si fermano, oppure continuano a fare le solite cose. Insomma credo che sia un discorso che ci porterebbe molto lontano. Forse mi sono espresso male, il mio era un paragone azzardato ispirato dai concetti espressi dal Kaizen basati sul principio che l'energia viene dal basso e i risultati, in qualsiasi tipo d'impresa, non vengono determinati solo dal management, ma dal lavoro diretto sul prodotto. E nella musica di Miyuki Nakajima di lavoro ce n'è proprio tanto. E si sente. E poi chissà, magari

volevo solo farti capire che avevo letto qualche libro su questo argomento (forse senza capirne molto).

- Se è per questo, - replica sbuffando lei, - sono d'accordo con te. Miyuki è sicuramente una capace di "fare le cose nel modo in cui andrebbero fatte", che non è solo un modo di dire, ma rappresentava inizialmente anche l'elemento chiave del sistema Toyota.

- Insomma, - rientro in gioco, - devi creare un'atmosfera di miglioramento imparando a cambiare il punto di vista e il modo di pensare per fare qualcosa di meglio rispetto a quello che già fai. No?

Ai mi guarda come al solito in modo strano...

- Vabbè, - taglio corto, - anche se il mio paragone non è calzante, da quando ho cominciato ad ascoltare Miyuki ho notato che più va avanti e più i suoi album sono belli! C'è una sorta di meccanismo magico nella sua evoluzione. E questo non vuol dire che agli inizi era una "schiappa" come direbbero dalle mie parti, tutt'altro! No?

In fondo, penso tra me e me, si tratta pur sempre di una veterana decorata sul campo, di una... Medaglia d'onore Hoshō al valor musicale. Curioso, no? Del resto proprio questa è l'onoreficenza di cui è stata insignita Miyuki Nakajima nel lontano novembre del 2009 direttamente dal governo giapponese. Medaglie assegnate due volte all'anno, sin dal 7 dicembre 1881, a personaggi che si sono distinti per opere, comportamenti e imprese encomiabili o comunque lodevoli in tutti i campi. Niente di meglio, quindi, che assegnarla anche a una cantautrice dagli occhi a mandorla che, nella sua lunga carriera, ha realizzato 40 album in studio portando in classifica almeno 40 singoli e molteplici compilation superando, al 2014, i 22 milioni di dischi venduti. Lodevole, stimabile, apprezzabile, meritoria, elogiabile ma, sicuramente, molto Miyuki. Ovvero irreprensibile nel suo essere artista di lungo corso a metà strada tra Dylan e Milva, tra Alice e Joni Mitchell. E oltre. A tratti Mavis Staples, a tratti una Joan Baez con temperamento e sonorità del Sol Levante. Prima del suo debutto, nel 14 novembre 1975, Miyuki scrive più di 100 canzoni di suo pugno. E nel 1976 oltre a esordire col primo album, la cantante giapponese crea *Abayo,* sua prima canzone di successo, un number-one hit single registrato poi da Naoko Ken che vende oltre 700.000 copie. È l'inizio di una carriera quarantennale in cui Nakajima compone più di 90 brani per altri artisti che diventano tutti dei grandi successi da classifica, come nel caso di *Shiawase Shibai* registrato da Junko Sakurada oppure *If I Could Take to the Sky (Kono Sora wo Tobetara)* eseguita da Tokiko Katō nel 1978. Insomma, come vuole la tradizione dello "Shiju-Hōshō", la Medaglia d'onore con nastro viola, lei scrive anche per il prossimo e non solo per se stessa. Uno dei motivi che ne fanno una delle artiste più stimate di tutta l'Asia. Giusta la considerazione del pubblico nipponico. Giusta quella degli altri. Proprio l'altro giorno ho ascoltato l'ultimo album *Mondai Shū* uscito a metà novembre 2014. Be' è un incredibile capolavoro musicale...

CAPITOLO 56

COPPIA D'ASSI? POKER? NO, SOLO SEMPLICE FILETTO. GIOCANDO S'IMPARA...

Carta e matita, una griglia quadrata di tre caselle per tre e poi, a turno, si gioca. Puoi chiamarlo **filetto, fila tre, crocetta e pallino, cerchi e croci, OXO, XOXO** oppure **tris.** Ma cambia poco: a turno, i giocatori scelgono una cella e ci disegnano il simbolo, di solito una **"x"** contro un **cerchio.** Vince chi dispone tre simboli in linea retta orizzontale, verticale oppure diagonale. Se nessuno completa la griglia coi tre segni uguali, finisce in parità. Ovvero "patta" e si ricomincia da capo. Oggi con Ai giochiamo così, solo che ai cerchi e alle "x" ci abbiniamo, grazie a un po' di immaginazione, tutto quello che sappiamo su due band di cui finora non abbiamo discusso. Vince soprattutto chi di noi due riesce a tenere botta.

Prima sfida. Cominciamo subito: Ai scrive nella prima casella il nome **Mr. Children.** E in quella sotto, segno immediatamente diversi nomi affini musicalmente. Byrds, Barry Manilow, Hollies e Graham Nash, Buffalo

Springfield e Gilbert O'Sullivan. Analogie e sound, a mio avviso verosimili.

- In Giappone li chiamiamo pronunciandoli "Misu-Chiru", - ribatte Ai - si tratta di Jrock, una band fondata nel 1988 da Kazutoshi Sakurai, Kenichi Tahara, Keisuke Nakagawa e Hideya Suzuki.

Ora è il mio turno, metto la "X" nella casella laterale destra e ci abbino la mia perla di saggezza...

- Dopo i B'z, i Mr. Children sono la band Jrock di maggior successo con quasi sessanta milioni di dischi (58,42) venduti nel corso della carriera.

Ai replica con il suo "cerchio" nella casella laterale sinistra...

- Detengono il record per il miglior debutto di un brano nipponico! Parlo di 1,2 milioni di copie del decimo singolo *Namonaki Uta* (名もなき詩).

Rispondo al volo: mossa su casella centrale in basso....

- Non mi freghi: ben trenta brani consecutivi nella prima posizione della classifica Oricon dei singoli nipponici. Dicono che abbiano superato i Glay come band maschile col maggior numero di album primi in classifica. Ma non ne sono sicuro al 100 per 100...

È la volta della mia amica: casella in basso destra...

- Nel 1994 hanno vinto il Japan Record Award con *Innocent World* e, nel 2004, con *Sign!*

Ribatto senza pensarci tanto: casella nuova, stavolta a sinistra...

- La musica del gruppo è composta e scritta soprattutto dal cantante Sakurai.

Casella diagonale in alto, Ai replica, non credo riesca a vincere lei...

- Nel 2012 hanno festeggiato il loro 20° anniversario con un doppio album intitolato *Mr. Children 2001-2005 <micro>* e *Mr. Children 2005-2010 <macro>*. Sono stati quelli che hanno venduto di più nel 2012, con oltre 2,5 milioni di copie!

Casella finale, quasi ci siamo, tocca di nuovo a me...

- Adesso ti frego, cara Ai. I Mr. Children non hanno mai fatto endorsement direttamente. Ovvero non sono mai apparsi in spot televisivi o sulla carta stampata per farsi pubblicità. Per promuovere singoli, album e dvd, infatti, hanno usato i brajacket, le sovracopertine di protezione che si mettono sui libri. I brajacket, in Giappone li trovi gratuitamente nelle librerie o in altri negozi e fanno pubblicità gratuita a prodotti di ogni tipo, dai gelati ai film fino alla musica. Rappresentano l'equivalente delle nostre cartoline pubblicitarie, ma con ben altra diffusione.

Filotto! Ma nessuno vince e nessuno perde...

Pensiero finale: Barry Manilow, singolo *Mandy,* anno 1978, non è molto diverso come coinvolgimento emotivo da *365* dei Mr. Children. Il video omonimo su YouTube è facilissimo da scovare. Provare per credere.

Seconda sfida. Stavolta scarabocchio il nome GLAY, scritto maiuscolo. E lei mi risponde disegnando il suo cerchio e, vicino, la nota: "quasi impossibile trovare artisti occidentali paragonabili".

- I GLAY, esordisce lei, sono una Jrock band di Hakodate, Hokkaidō, messa in piedi ai tempi della scuola superiore, nel lontano 1988, da Takurō (chitarra) e Teru (voce), due compagni di scuola super appassionati di musica. A loro, in un secondo momento si unisce il chitarrista Hisashi. Poi cominciano a suonare nei locali di Hakodate conquistandosi una certa popolarità. Almeno fino al momento in cui, dopo il diploma, nel 1990, si trasferiscono a Tokyo per cercare fortuna. Ma i primi due anni sono davvero duri e tirano avanti soprattutto con lavoretti part time.

Casella centrale. Mossa obbligatoria per me. Metto la "X" e poi sparo...

- I membri dei GLAY, conosciuti soprattutto coi loro nomi d'arte, sono tutti nati ad Hakodate. Tranne Hisashi che è di Hirosaki, Aomori, trasferitosi ad Hakodate ai tempi della scuola elementare.

Casella laterale destra, Ai attacca senza pietà...

- La band è composta da Takurō (chitarra, leader e autore principale dei brani), Teru (voce e batteria delle origini), Hisashi (chitarra) e Jiro (basso). Poi ci sono gli ex membri come Shingo, Iso, Akira, Nobumasa, tutti ex batteristi, nonchè quelli di supporto come Masahide Sakuma (chitarra, tastiere, produzione), Toshimitsu "Toshi" Nagai (batteria) e Seiichirō Nagai (tastiere). Senza citare altri ex tastieristi che hanno lasciato la band!

Uhm, penso, di sicuro lei è più ferrata di me. Sono arrivato alla casella in basso a destra. Ma replico lo stesso un po' indignato...

- Ti stupirò! Il nome GLAY è una specie di gioco di parole basato sull'omofonia dei vocaboli scritti in modo simile, ma dal significato diverso. Quasi una specie di errore ortografico. Confondere la "r" e la "l" è abbastanza comune per i giapponesi, accade spesso negli annunci via altoparlante tradotti dal nipponico all'inglese. Così GLAY diventa "gray", ovvero grigio. Che per loro significa unire il rock, dal colore nero, al pop di tonalità bianca. Il risultato è un sound grigio. Quello dei GLAY, appunto. Un misto tra rock nero e pop bianco...

A questo punto Ai cerca di bloccarmi e si precipita nella casella centrale...

- I GLAY sono fra le band giapponesi più conosciute del mio Paese. Si stima che, dagli esordi del 1994 a oggi, il gruppo abbia venduto oltre 38,20 milioni di copie solo in Giappone. E, probabilmente, un'altra decina di milioni in tutta l'Asia, anche se non ho dati certificati...

Ritocca a me e tento il tutto per tutto nella casella in basso a sinistra...

- Il 10 ottobre del 2002 si esibirono per la prima volta a Pechino davanti 35.000 spettatori. Il concerto fu definito come uno dei più costosi nella storia della Cina. Il 10 settembre dello stesso anno i GLAY incontrarono anche Jiang Zemin, a quei tempi presidente della Repubblica Popolare Cinese.

Ai non demorde e approda nella casella vicino alla mia...

- Nel 2003 ad Hakodate, loro città natale, fu addirittura allestita una galleria d'arte con manufatti e opere dedicate alla band, l'Art Style di GLAY, ospitata nella Winning Hall, palazzo molto noto della loro città d'origine. Casella in alto a destra, cerco di sorprenderla...

- Dopo una diatriba legale con la loro casa discografica, la Unlimited Records, nell'ottobre 2009 un tribunale di Tokyo decretò una sentenza a favore dei GLAY sui diritti d'autore mai versati su ben 147 canzoni scritte da loro. I giudici ordinarono all'etichetta discografica di pagare un risarcimento di 670 milioni di yen di royalties e parcelle mai ottenute prima dai membri del gruppo.

- Manca una sola casella, ma nessuno vincerebbe. Così alzo bandiera bianca.

Morale della favola: abbiamo giocato con un gruppo che fa rock, visual kei, reggae, gospel, progressive, ballate folk e anche elettropop. Una band difficile da classificare: i GLAY sono i musicisti più poliedrici e dannatamente nipponici tra tutti quelli di cui abbiamo discusso nelle nostre elucubrazioni. Questo significa che customizzano, caratterizzano tantissimo la loro musica molto più di altri. Certe volte mi ricordano vagamente la PFM e il Banco del Mutuo Soccorso. Ma l'accostamento regge poco. Ancora oggi non so proprio a chi paragonarli! Sigh!

WAGAKKI BAND,
GIOCARE AL RITMO DEI... TAROCCHI!

Sette di cuori: l'Artista! **La carta consiglia: tieni i piedi piantati per terra e non promettere ciò che non puoi mantenere.**
Il Sette di cuori (o di coppe) nella simbologia dei tarocchi è collegato ai "processi" mentali: pensieri, decisioni, fantasia, arte e meditazione. Automatismi parte integrante della personalità artistica della Wagakki Band ("wa" significa *giapponese* e "gakki" vuol dire *strumenti*). Musicisti che vanno oltre le promesse e le premesse. Sette strumentisti più una cantante. Sette abili professionisti capitanati dalla vocalist Yūko Suzuhana per un'incredibile miscela di strumenti tradizionali amalgamati al rock contemporaneo. Insomma, una specie di Nuova Compagnia di Canto Popolare in salsa orientale. Gli autentici valori della tradizione musicale del folclore nipponico. "Volete sapere se un popolo è ben governato e ha buoni costumi? Ascoltate la sua musica!". Confucio la pensava così. E qui la musica attraversa mezzo mondo partendo da radici antichissime. E anche i costumi, quelli di scena, non sono niente male. Anche se, naturalmente, tutto parte dalle sonorità. C'è il sound moderno elettrico, con batteria, chitarra e basso. E poi quello tradizionale nipponico, con lo tsugaru-jamisen (liuto shamisen), il koto (arpa), lo shakuhachi (flauto), il wadaiko o taiko che dir si voglia (tamburo e percussioni). Alla fine c'è il sogno (in costume) grazie a una swingante cantante dotata di un vibrato morbido ed elastico. Una voce che si adatta magistralmente agli arrangiamenti tradizionali alternati a quelli più moderni. Il risultato è uno spettacolo sorprendentemente dinamico e fuori dalle regole. Lo show della Wagakki Band.
Giovani e talentuosi, i membri della Wagakki sono musicisti competenti e raffinati, ma anche alla moda, in particolare la cantante Yūko Suzuhana (eletta Miss Nico Nama nel 2011) e Beni Ninagawa (musicista, idol e modella). Al di là dell'aspetto, comunque, la band

offre qualcosa di veramente nuovo, mai visto prima: ritmi unici, melodie coinvolgenti e strumenti tradizionali uniti all'intensità di quelli moderni. E poi, ovviamente, c'è lo **shigin** (l'arte recitativa poetica nipponica) di cui la vocalist Yūko è vera maestra...

- Lo shigin (詩 吟), - spiega Ai, - è una forma di poesia che appartiene alla tradizione giapponese e cinese. Si tratta di un poema cantato e declamato, singolarmente oppure in gruppo. Le poesie individuali, chiamate **gin** (吟), sono composte da quattro o più righe di kanji e ogni linea ha lo stesso numero di caratteri. Le gin con quattro frasi ogni sette caratteri (quelle comuni) sono dette shichigon-zekku, letteralmente "quartine di sette parole". Da quello che ricordo la melodia di accompagnamento però è standard, anche se ci sono lievi variazioni sul tema.
- Dunque è una sorta di prosa teatrale, - dico rivolto verso Ai...
- In parte si, nel senso che racchiude anche elementi più o meno filosofici. Gli storici ritengono che la pratica dello shigin abbia avuto origine in Cina all'inizio del primo millennio dopo Cristo esportata poi in Giappone nel quinto secolo. I poemi in cinese furono via via sostituiti da letture giapponesi. I gin più recenti sono scritti dettagliatamente con concetti ed eventi storici giapponesi, anche se la base scritta è rimasta di derivazione cinese.
- Insomma, una specie di **haiku**, le brevi poesiole della tradizione del Sol Levante.
- Lo shigin è più antico degli haiku e ormai rappresenta un'arte quasi minoritaria, riservata agli anziani e poco conosciuta tra i più giovani. Tuttavia, numerosi festival shigin si svolgono ogni anno, come nel caso dell'Autumn Shigin Festival di Shiogama, nella regione nord-orientale (Tōhoku) del Giappone. Nonostante non facciano parte della modernità, gli shigin sono studiati nei libri di testo e regolarmente esposti anche nelle mostre di calligrafia nipponica. Insomma, continuano ad avere una certa influenza nella nostra cultura.
- Ma scusa, si tratta di poesie accompagnate con la musica, cosa c'entra la calligrafia? Usate gli strumenti tradizionali come il koto o lo shakuhachi anche per scrivere?

- Quando fanno pratica, i membri di un gruppo shigin usano anche i gin scritti per esercitare la memoria. Queste annotazioni vengono fatte con segni messi alla destra di ciascun carattere kanji. Scarabocchi, per voi occidentali, che in realtà indicano come variare il tono e la durata, il tempo della vocalizzazione...

- Vabbe' una specie di partitura, di pentagramma musicale artigianale.

- In pratica sì. Gli intervalli per la respirazione, per esempio, vengono indicati con altri segni curvilinei scritti a sinistra del carattere kanji. A complicare ulteriormente le cose c'è anche l'ordine, la sequenza delle parole nipponiche che differiscono da quelle cinesi e quindi, in certi casi, altri segni numerici alla sinistra dei caratteri principali servono per indicare l'ordine corretto.

- Mi sembra, come al solito, un po' tutto incasinato per essere la declamazione di una poesia...

- Calcola che un gin, in media, dura circa un minuto e mezzo, con quattro respiri!

- E tu pensa che un "gin" me lo sparo in due secondi ingollando pure il bicchiere quando sono in forma!

- Be', ti avevo avvisato che non è solo una declamazione o un vocalizzo, ma una sorta di metodologia filosofica. Chi appartiene a un gruppo shigin si riunisce per allenarsi in un washitsu, la stanza giapponese con i tatami. I praticanti s'inginocchiano in posizione "seiza", quella classica giapponese, con la postura corretta per un'ottimizzazione costante del canto. Non a caso gli artisti vengono incoraggiati a concentrare la loro energia nella pancia (il centro della vitalità) e cantare lentamente espellendo quest'energia. Tutto il contrario dello stile classico operistico occidentale in cui si canta dal petto, un insegnamento che verrebbe considerato deleterio nello shigin...

- Okay, credo di aver afferrato i concetti, pensavo che parlare di Yūko Suzuhana avrebbe significato blaterare di voce vibrata oppure tremolata, di vocalizzi alternati tra falsetto e voce impostata, oppure addirittura di vocalese, lo stile jazz basato sull'adattamento dei testi alla linea melodica strumentale. E magari anche di bellezza, visto

che oltre a essere insegnante shigin, cantautrice e pianista, nel 2011 è stata selezionata come Miss Nico Nama durante il Niconico Dōga Festival esibendosi poi anche nel Niconico Cho Party del 2012. E lì se sei anche bella, le cose vanno ancora meglio...
- Daiiii, non fare il solito. Dirai piuttosto che nel dicembre 2011 ha vinto la Nippon Columbia Japan Poem Recitation Competition, il contest di recitazione poetica giapponese.
- Già, - annuisco, - se è per questo è famosa anche per alcune sue intepretazioni o cover di pezzi Vocaloid...
Ai mi guarda fissa senza fiatare come stessi solfeggiando fa-la-do-mi, mi-sol-si-re-fa...

- Arrivo. Cerco di spiegarti un po'. Da quello che so il Vocaloid è un software della Yamaha Corporation che permette di sintetizzare la voce semplicemente immettendo testo e melodia di una canzone. Puoi utilizzare come interfaccia una tastiera e poi inserire le note congiunte alle sillabe. E i giochi, anzi, i suoni sono fatti. La prima versione del programma fu venduta nel gennaio 2004, poi è stata aggiornata altre volte (2007, 2009, 2011) con applicativi particolari denominati Hatsune Miku, Kagamine Rin e Len, oppure Megurine Luka capaci di riprodurre voci sia in lingua inglese che giapponese.
- Be', Miku Hatsune è molto famosa come protagonista di manga e videogame, - dice Ai.
- Vero, ma pochi sanno che Hatsune Miku (preferisco chiamarla così) è il personaggio ideato e sviluppato dalla Crypton Future Media come mascotte e applicativo giapponese del programma Vocaloid 2. Miku era uno dei personaggi selezionabili per dare la voce al sintetizzatore Vocaloid. Il nome sembra sia l'unione di Hatsu (初 primo), Ne (音 suono) e Miku (未来 futuro) che vorrebbe dire *prima voce del futuro*. Ho letto che la voce è stata creata campionando quella della doppiatrice giapponese Saki Fujita. Comunque il problema non è Vocaloid, lontano parente del Vocoder secondo me, ma la vocalizzazione! Non pensi?

WAGAKKI BAND, AL RITMO DEL VIBRATO, LA VOCE CHE BALLA!

Balla che ti passa, dicono. Ma quando la voce danza che cosa succede? Dipende se balla come quella di una capra - be, beè, beèee - oppure se a farla danzare è una come Yūko Suzuhana. E lì quando balla, come direbbe mio fratello, "rischia di succedere un casino!". Interiore ovviamente. Scherzi a parte, la voce che balla, il vibrato, fa parte della musica di ogni ordine e grado. Che si tratti di vocione, vocine o vocette. O di Yūko Suzuhana quando canta con la sua Wagakki Band...

- Da quello che ho letto, come sottolinea esaudientemente Franco Fussi, medico-chirurgo specialista in Foniatria e Otorinolaringoiatria, in un suo articolo sul sito www.voceartistica.it (*), "per la fisica acustica il vibrato è fatto di fluttuazioni temporali di frequenza, intensità e timbro vocale. Lo fanno pure gli uccelli così come gli strumenti ad arco e fiato. L'organo e le tastiere elettroniche hanno effetti di vibrato". Anche la mia chitarra elettrica ce l'ha. O meglio, la mia pedaliera di effetti digitali!
- Certo, un conto è uno strumento e un altro la voce, - continua Ai.
- Be', certo, vocalizzare non è semplice, ci vuole tempo, passione e arte. È una questione di testa e... anche di muscoli!
- Ovvero?
- Da quello che ho capito, per vocalizzare bene è indispensabile un certo equilibrio psicofisico e muscolare. Perché, nel momento della performance, dell'esecuzione, devi avere un certo controllo della respirazione, senza irrigidimenti, e poi una buona elasticità, agilità articolatoria a livello laringeo, mandibolare, linguale e labiale. Che a dirla così sembra quasi una lezione di anatomia...
- Insomma, anche per vibrare ci vuole impegno...
- Be', sempre secondo gli addetti ai lavori come il dottor Franco Fus-

si, docente e autore di numerose pubblicazioni sul tema, esistono diversi tipi di vibrato, i principali credo siano due, quello di ampiezza e quello di frequenza. "Il primo c'è nel momento in cui l'emissione della voce ha delle variazioni periodiche di intensità durante l'emissione sonora. Ed è un vibrato di cui non sono dotati tutti i cantanti e non è sempre presente nella stessa voce e con lo stesso numero di fluttuazioni al secondo. Il secondo, il vibrato di frequenza è sempre costante, con piccole variazioni di altezza tonale a un ritmo variabile da tre a otto (e oltre) variazioni al secondo". Un po' complicato da capire immediatamente ma...

- ... ma vibrare significa soprattutto fluttuare con la voce. No?

- Sì, magari stando attenti a non forzare l'emissione altrimenti, da quello che ho letto, c'è il rischio che il vibrato si trasformi in tremolo. Come nella chitarra elettrica. Solo che lì si usa il multieffetto, oppure la leva, ma nel nostro caso la voce. E guai ad andare oltre perché c'è il rischio che si arrivi pure al... trillo, quello che gli studiosi definiscono come "alternanza di due note, con intervallo di seconda maggiore o minore, prodotte da rapide oscillazioni della laringe". Insomma una specie di "vibrato esagerato" con una frequenza di oscillazione più alta e una maggiore escursione tonale.

- Che spiegata così, ancora una volta, non è semplice da afferrare...

- Vero, forse non l'ho ben compreso nemmeno io! Ciò non toglie che il trillo sia una specie di rinforzo acustico sugli estremi delle fluttuazioni di altezza tonale diverso dal normale vibrato. Il trillo è l'abbellimento più frequente nelle cadenze delle frasi musicali, è un ornamento del "recitar cantando", come anche il tremolo è un po' il "ribatter ogni nota con la gola", come ho letto da qualche parte. Lo so, a parlarne sembra tutto complicato, in fin dei conti sono argomenti di cui non ci si occupa tutti i giorni. Vibrato, tremolo, trillo e via dicendo. In definitiva la nostra chiacchierata serve a ribadire il concetto che la musica è fatta di innumerevoli aspetti. Si balla e si canta, ma non è solo questione di note e creatività, ma pure di equilibrio psicofisico! E anche vibrare è un'arte.

- Se comprendi bene la teoria direi di si, - ribatte Ai.

- *Good Vibrations,* direbbero i Beach Boys. Ma gli specialisti di foniatria, tanto per finire il discorso, hanno addirittura descritto tre tipi di vibrato come ha ben sintetizzato il dottor Fussi sul web. (*)

- Ovvero?

- "C'è quello a bassa frequenza (3-4 oscillazioni al secondo), con modulazioni e variazioni di altezza e intensità variabili, tipico dei cantanti di colore e di musica pop, jazz e soul. Nel canto lirico questa frequenza di oscillazione viene percepita come inestetica e assimilata al "ballamento di voce". Poi c'è il vibrato a frequenza intermedia (tra 4 e 6 oscillazioni al secondo) e con modulazione di altezza tonale di circa un semitono, particolarità dei cantanti d'opera allenati e, per finire, quello ad alta frequenza (con 6-10 oscillazioni al secondo e anche più) con ampia fluttuazione dell'intensità vocale espressa come tremolo".

Quest'ultimo vibrato ad alta frequenza però, quando viene troppo enfatizzato è fastidioso e risulta spiacevole all'orecchio se raggiunge la cosiddetta voce caprina, quella belata, per intenderci.

- Insomma, c'è una gamma oltre la quale l'orecchio percepisce le fluttuazioni vocali in modo spiacevole. La voce balla troppo, si dice, e non sempre va bene. Da quello che ho capito "recitar cantando" è un conto, anzi, un tipo di emissione. E il bel canto, che sia lirico o rhythm'n'blues, è un altro ancora, un'altra emissione e interpretazione.

- Mi sembra ovvio, - conclude Ai, - anche perché la scrittura e il sound sono diversi. Così come gli strumenti a disposizione non sono sempre gli stessi...

(*) *Vibrato: dalla voce caprina al ballamento di voce,* di Franco Fussi (www.voceartistica.it)

TRADIZIONALI, MODERNI E TANTA POESIA...

Impossibile parlare della Wagakki Band senza conoscere tutti i membri del gruppo e soprattutto, gli strumenti musicali di cui sono veri maestri. Alla voce c'è Yūko Suzuhana. E lo abbiamo capito. Al koto, Kiyoshi Ibukuro. Allo shakuhachi, Daisuke Kaminaga. Allo tsugaru Jamisen, Beni Ninagawa e al wadaiko/taiko, Kurona. Poi si passa al moderno con la chitarra elettrica di Machiya, il basso di Asa e la batteria di Wasabi. Ma quali sono i magici strumenti tradizionali che valorizzano la loro musica? Solo quattro, ma determinanti.

1 - SHAMISEN: il liuto giapponese a tre corde, utilizzato anticamente nel periodo Edo (1603-1868), per accompagnare le rappresentazioni del teatro Kabuki e Bunraku. Lo **tsugaru shamisen,** invece, è un particolare tipo di shamisen dal sound unico, molto adatto alle improvvisazioni, sviluppato nel distretto Tsugaru nella prefettura di Aomori, Honshū.

Chisato Yamada, uno degli strumentisti più popolari sostiene che "rappresenta il jazz del Giappone!". E in effetti lo shamisen esprime quello che il banjo è per la musica country e il jazz americano. Viene suonato con un grosso plettro in legno e avorio chiamato bachi che somiglia quasi a un raschietto edile.

ALLO TSUGARU SHAMISEN - BENI NINAGAWA

Nata a Kyoto, Beni Ninagawa ha iniziato a studiare lo tsugaru shamisen e il minyō (canto popolare giapponese) all'età di quattro anni. Dopo aver lavorato come modella e attrice, ha deciso di diventare un'esperta strumentista.

2 - SHAKUHACHI: il flauto giapponese con cinque fori, quattro anteriori e uno posteriore. Di shakuhachi ce ne sono diversi tipi: dal più piccolo da 39 cm al più grande di 91! Il suono, davvero particolare, è quello usato da Peter Gabriel in *Sledgehammer* o di *Nobody's Listening* dei Linkin Park. Ma anche Lupin III suona lo shakuhachi nei suoi animation movie.

ALLO SHAKUHACHI - DAISUKE KAMINAGA

Nato a Iwaki City, prefettura di Fukushima, Daisuke Kaminaga ha cominciato a suonare lo shakuhachi all'età di 18 anni. Dopodichè è diventato insegnante dello stile musicale Tozan Shakuhachi col nome di maestro "YoZan". Oltre ad avere la sua scuola di musica a Tokyo, Daisuke insegna in diverse università e istituti superiori.

3 - TAIKO: i tamburi giapponesi bipelle a forma di barile, la tipologia più nota in occidente. Ma attenzione perché esistono anche quelli a clessidra! In Giappone vengono chiamati anche wadaiko e impiegati insieme a set di percussioni e altri tamburi denominati kumi-daiko. Realizzare un taiko non è facile, preparazione e assemblaggio di corpo, rullo e pelle richiedono diversi anni in base al metodo utilizzato.

AL TAIKO/WADAIKO - KURONA

Kurona ha comiciato a suonare il wadaiko a tre anni e, a nove, si è unito un gruppo professionale di Tokyo dove ha studiato anche traditional performing arts. In seguito è diventato un musicista indipendente che si è esibito in più di quindici paesi asiatici. Kurona utilizza il wadaiko in tutti i tipi di musica moderna e tradizionale. È stato giudice nel Tokyo High School Culture Festival's Folk Entertainment Division sponsorizzato dal Tokyo Metropolitan Board of Education. Si esibisce anche come coreografo di spettacoli artistici dedicati alle percussioni e in eventi organizzati da Tokyo Disneyland e DisneySea.

4 - KOTO: strumento cordofono derivato dal guzheng cinese che appartiene alla famiglia della cetra (anche se molti la definiscono come arpa giapponese). Può essere di forma ovale (scuola Yamada) oppure quadrata (scuola Ikuta) e fu introdotto in Giappone nel periodo Nara. Usato per lungo tempo presso la corte imperiale, nel XVII secolo il musicista di Osaka Yatsuhashi Kengyō (1614-1684) lo diffuse via via anche a tutta la popolazione. Si suona pizzicando le corde con l'ausilio di tre plettri fissati a pollice, indice e medio della mano destra. Un tempo la mano sinistra non serviva per suonare ma era destinata solo agli effetti di muting, palm mute o stoppato, ovvero di bloccaggio delle corde. Dal XX secolo, sotto gli influssi della musica occidentale i musicisti cominciarono a pizzicare le corde anche con la mano sinistra per ottenere effetti polifonici.

AL KOTO - KIYOSHI IBUKURO

Nato a Tokyo, Kiyoshi Ibukuro è un performer molto famoso in Giappone. Comincia la sua carriera mentre frequenta la Scuola Superiore esibendosi inizialmente in Cina dove viene inviato dall'Agenzia per gli Affari Culturali. Kiyoshi da vero virtuoso dell'arpa giapponese ha pubblicato guide e libri musicali specializzati esibendosi spesso in Vietnam, Iran, Qatar, Kuwait e Corea del Sud.

- Ma oltre agli strumenti tradizionali nipponici ci sono anche quelli dei giorni nostri, no? - Dice a questo punto un po' ingenuamente Ai.
- Certo, alla chitarra elettrica c'è Machiya, molto popolare sul web nipponico grazie ai video delle sue performances su Niconico Douga, sezione "Played It". E al basso c'è Asa, noto per le sue crezioni Vocaloid caricate online sempre su Niconico Douga, sito web giapponese di video sharing. Alla batteria, invece, c'è Wasabi. Nato in Cina da padre cinese e madre per metà giapponese, è il più giovane e il più raffinato musicista della band. In particolare, le sue veloci doppie rullate di batteria sincronizzate al lavoro del wadaiko di Kurona caratterizzano magistralmente la musica di tutto il gruppo. E poi, ovviamente c'è la bellissima Yūko Suzuhana, chiamata anche Yuukorin, insegnante di recitazione e poesia shigin, cantautrice e pianista. E le sue poesie, ti assicuro, si comprendono senza nemmeno che declami nulla...
- E baaaasta! Ti proibisco di continuare, non sono una fan!
- Neanche io, tranquilla! Okay, mi fermo qui. Basta con la poesia, basta coi versi...

CAPITOLO 60

ANDIAMO OLTRE?

Fine anno. Il 2015 si apre apparentemente bene. Almeno grazie all'*ayumi hamasaki COUNTDOWN LIVE 2014-2015 Cirque de Minuit*. Come di consueto, il 29, 30 e 31 dicembre 2014, l'imperatrice del pop asiatico tiene i suoi tradizionali concerti di fine anno allo Yoyogi National Gymnasium di Tokyo. Si tratta del suo 15° *countdown live,* apprezzatissimo dai fan e solo in parte di buon auspico per il nuovo anno. Non per colpa sua, naturalmente. Il 7 gennaio 2015, Parigi, città amatissima da ayu e da tutti noi, vede uno degli eventi più drammatici della storia europea, l'attentato alla sede di Charlie Hebdo. Diventa doloroso persino riportare tutto alla mente. Forse un certo tipo di umanità avrebbe bisogno di una bella "rinfrescatina" all'anima. Magari come quella che ogni anno centinaia di uomini intraprendono nel tempio Teppōzu Inari di Tokyo immergendosi in una piscina ghiacciata con l'intento di purificare lo spirito. Nel Kanchū Misogi, antico rituale dello shintoismo, si prega per la propria anima abbracciando enormi cubi di ghiaccio. Annualmente un centinaio di persone rispolverano questo antico rituale. Vengono i brividi solo a pensarci, ma forse fa effettivamente bene: magari ti scuote dentro, azzera i patimenti, resetta i chip interiori, ti riporta al senso autentico delle cose. Quelle che ti fanno stare bene. Come le quattro piccole chicche che sto aspettando dal Giappone. Parlo del *Tsuyoshi Nagabuchi "Arena Tour 2014 All Time Best"* e dell'*All about POP CLASSICO* di Yumi Matsutōya, due esibizioni live su Blu-ray imperdibili, almeno per me. E poi anche la nuova perla denominata *Zutto.../Last Minute/ Walk,* mini Cd della piccola ma grande ayu. L'ultima delle novità in arrivo, il Cd single dei B'z - *Uchoten* mi incuriosisce. Al pari di tutto quello che è Jpop, del resto. Allo stesso modo di quello che m'intriga e allarma in questo momento, la probabile e precipitosa partenza di Ai...

- Parti? Ma come, mi ero fatto una lista di tutti gli artisti di cui ancora non avevamo disquisito. E tu pensi di filartela via nel week end? Non potresti rinviare?

- Credo di no. Vacanze finite, almeno per il momento. Ma lo sapevi bene, è inutile che tu finga di non saperlo! No?

- Già, però ancora non abbiamo parlato di altre belle stelline del firmamento Jpop come Angela Aki, Ayaka Hirahara, Exile, JUJU, Gackt, Namie Amuro, Mika Nakashima, Kaori Kobayashi, Kana Nishino, Maaya Sakamoto, Chitose Hajime, MIWA, Mai Kuraki, Masaharu Fukuyama, Every Little Thing, Seiko Matsuda, Scandal...

- E daiii, fermati! - M'intima lei.

- Ti sembra poco? Replico prontamente. Si tratta di musicisti altrettanto bravi! No?

- Be', qualcuno si, altri no, questione di gusti. Il vero problema è che la vita va avanti. Mica indietro...

- Eh?!

- Intendo che per andare avanti, ogni tanto, bisogna anche tornare indietro. Proprio come penso di fare tra qualche giorno.

- E parti così? Senza nemmeno che ti faccia una playlist per il viaggio?

- Conoscendoti c'è il rischio di instaurare un dibattito di qualche ora sul valore e l'efficacia delle compilation prima ancora di sentirne una!

- Be', a dirla tutta, anche in questo caso ci sarebbero un sacco di cose da dire. Una playlist non è mica facile da mettere in piedi! Attacchi e stacchi, dissolvenze o meno, tracce strumentali, intermezzi ed effetti audio. Sonorità omogenee ed eterogenee. Alternanza tra brani veloci, molto ritmati e cosiddetti lenti. E poi magari l'avvicendamento tra grandi classici e novità. Brani superlativi e altri di secondo piano ma altrettanto coinvolgenti. Insomma, realizzare una playlist vuol dire saper dosare tutti gli ingredienti a disposizione esaltando i contrasti. Contrasti e omogeneità sembrano parole alternative. In realtà anche le discordanze possono essere omogenee oppure disomogenee, ma funzionare in entrambi i casi. In pittura e fotografia i contrasti significano sfumature nei colori, giustapposizione di luce e ombre. In musica, si parla di dinamica, pianissimi e altissimi di un'esecuzione e in una playlist i contrasti sono basilari...

Ai mi guarda perplessa e cerco di rientrare nei ranghi...

- E poi potrei sicuramente offrirti una cena prima che tu parta e potremmo anche...

- Mettiamola così, - mi interrompe lei. - Una playlist, o compilation che dir si voglia, è simile a un puzzle che si compone piano piano. Tanti piccoli tasselli, brani e intermezzi musicali che si aggregano uno dopo l'altro senza una regola fissa, proprio come in un mosaico. Una della grandi soddisfazioni per chi realizza una playlist è l'effetto finale, quando tutti i pezzi combaciano perfettamente. Si comincia dall'alto, altre volte dal centro, oppure dalla fine. Tutto dipende dalle idee e dal materiale a disposizione della scaletta. Senza dimenticare anche l'umore e il momento in cui ci si mette all'opera. Si comincia ascoltando attacchi e finali dei brani, stacchi e dissolvenze, poi si avvicinano i pezzi tra loro e magari si incollano altri brani al centro. Senza una regola fissa. Si fissano frammenti sotto e sopra. A volte ci si ritrova con la parte finale, quella iniziale o centrale già realizzate. Una sequenza di due/quattro brani per gruppo che, per funzionare, devono però essere collegati, connessi tra loro. E lì comincia il bello, la ricerca del brano giusto, dell'effetto o della performance strumentale che riesca a unire tutto. Quindi la domanda: da dove comincio? Oppure: cosa faccio ora? O ancora: come finisco? Non esiste. Si parte a orecchio, a sensazione, con calma e pacatezza proseguendo senza troppa frenesia. Prima o poi, dopo un po' di tempo, il puzzle si compone da solo ed è una bella soddisfazione. Nella vita è un po' la stessa cosa...

La guardo intontito e poi replico...

- Be', dovevo aspettarmela qualche strana perla di saggezza all'orientale che mi avrebbe spiazzato, la stavo pensando proprio mentre ti ascoltavo. Arriva, eccola che arriva, mi dicevo. La intuivo. Ed è puntualmente arrivata, la vita sotto forma di metafora "playlist". "Minchia", non so come si dica in giapponese, ma forse è meglio non saperlo.

Ai ridacchia e continuo a osservarla mentre lo fa...

- Ma forse va bene così, - continuo. - Non ho mai amato le canzoni che sfumano, molto meglio terminare con una bella rullata di batteria, un accordo finale di chitarra elettrica a stacco e stop. Fine. Aiuta anche i poveri diavoli che si fanno da soli le loro playlist!

- Comunque, - replica lei, - torno in Giappone anche per dare un'occhiata ai prossimi eventi, non ci credi? Sembra che la "tua" bella ayumi stia lavorando a un nuovo album e, soprattutto, le voci di corridoio la danno in procinto di intraprendere una tournée internazionale tra la fine del

2015 e il 2016. Un tour che **dovrebbe** toccare Asia, Australia, USA, Canada e anche tutta l'Europa, forse pure l'Italia. Lo sapevi?

- Ah, in effetti non l'avevo ancora scoperto. Ma per risponderti ironicamente alla Leo Buscaglia potrei dirti che "a sperare c'è il rischio di disperarsi e a tentare c'è rischio di fallire", no? "Aspetta e spera", diceva mio nonno!

- Sempre il solito! Ma se rimani incatenato alle tue certezze rinunci alla libertà di agire, sperare e sognare. Ma anche di imparare, sentire e progredire. E soprattutto... volare! Con la mente e... l'aereo. In fondo in fondo il nostro viaggio continua. Già ne abbiamo fatto uno insieme. Non pensi? Magari tra poco tempo ne faremo un altro...

- Sempre a suon di musica, spero. Anzi, è sottinteso!

Alla fin fine, penso, decine di altre galassie musicali parallele aspettano solo di essere esplorate. Basta riuscire a farlo.

Il sabato seguente, poco dopo pranzo, una mail troneggia sul mio piccolo iPad mini.

"Un acquazzone impartisce i suoi insegnamenti. Se la pioggia vi sorprende a metà strada e camminate più in fretta per trovare un riparo, nel passare sotto alle grondaie o nei punti scoperti vi bagnerete ugualmente. Se invece ammettete sin dall'inizio la possibilità di bagnarvi, non vi darete pena, pur bagnandovi lo stesso. La stessa disposizione d'animo, per analogia, vale in altre occasioni". **Ai**
(Da **Hagakure - Il codice segreto dei samurai,** di Yamamoto Tsunetomo).

Tutt'altro che meravigliato, rispondo con l'unico aforisma che balla nella mia mente sin da quando lessi, tempo fa, il classico di Yamamoto Tsunetomo.

"Le grandi imprese non si compiono mai da sobri".

E forse un addio è sempre necessario prima che ci si possa ritrovare di nuovo. Banale, eh? Un finale davvero discutibile! :-)
Un abbraccio

VIVI E LASCIA JPOPPARE...

Ma che forti questi giapponesi. Amavano il rock'n'roll East Coast e si sono fatti in casa il loro Springsteen, ovvero mr. Tsuyoshi Nagabuchi. Volevano il pop-rock in stile U2 e Simple Minds e si sono inventati L'Arc~en~Ciel, l'arcobaleno musicale che splende dall'Asia all'America settentrionale. Avevano un debole per Dylan, Joan Baez e il gospel e hanno tirato fuori dal cilindro Miyuki Nakajima. Poi hanno capito che l'easy rock melodico degli Aerosmith sarebbe andato forte e hanno chiamato Tak Matsumoto e Kōshi Inaba a fondare i B'z, sfondando persino a Hollywood. Non contenti, hanno preso uno shaker, ci hanno piazzato dentro Madonna, Lady Gaga, Rihanna e un pizzico di Beyoncè a cui hanno aggiunto un bel po' di sensibilità da sonata melodica orientale ottenendo un tris di donne fenomenali come ayumi hamasaki, Kumi Kōda e Namie Amuro. A Miwa Yoshida e i Dreams Come True hanno riservato il compito di tenere alta la bandiera dei fan del soul stile Earth, Wind & Fire, Barry White e compagnia andante, con poco elettropop, tante sezioni fiati, un tocco di brasilianità bossa nova, una bella dose di funky e vocalità stile Manhattan Transfert e Ritz. Ai nostalgici più anzianotti della scuola anni '60, Beach Boys in testa, invece, avevano già trovato un posto in prima fila con i Southern All Stars. E, di conseguenza, ai fedelissimi di Birds, Hollies e Buffalo Springfield aggiornati al secolo attuale in salsa Barry Manilow e Gilbert O'Sullivan hanno dato in pasto i Mr. Children. Per non parlare dello stile che va dalla Motown a Whitney Houston passando per l'hip hop, che è incredibilmente affine alle attitudini di Misia, Ayaka Hirahara in versione rhythm, Mai Kuraki, JUJU e compagnia cantante.
Per tutti gli altri, adolescenti e giovincelli di ogni tipo, hanno tirato in ballo quello che conosciamo quasi tutti, ovvero le AKB48, creando una vera e propria scuola da cui sono uscite Morning Musume, Kyary Pamyu Pamyu e, per certi versi più rock'n'roll, anche le Scan-

dal. Certo, sono davvero in pochi a muovere le mani sulla tastiera come sa fare Hiromi Uehara o pizzicare le corde della chitarra classica in stile Kaori Muraji, ma poco importa perché l'immaginaria National Medal of Arts (*) delle United Nations of Music se la sono già aggiudicata ad honorem. Peccato che dalle nostre parti siano in pochi a conoscere artisti così talentuosi e tutti credano che il Jpop sia rappresentato unicamente da boy e girl band di matrice adolescenziale. Peccato perché sarebbe un po' come dire che la musica italiana è limitata solo alle giovani promesse venute fuori dai talent show televisivi tralasciando i big che hanno fatto e continuano a fare la storia, da Mina a Battisti, da Baglioni a De Andrè, dai Pooh alla PFM, da Vasco a Ligabue e tutto l'ambaradan dei "capostipiti" della leggera italiana come Morandi, Ranieri, Modugno, Tenco, Celentano e Dalla. Per non parlare di Nilla Pizzi, Tony Dallara o Claudio Villa! Insomma, peccato perché quello nipponico è comunque il secondo mercato discografico del mondo che parte dal Sol Levante e si ramifica tra Hong Kong, Singapore, Bangkok, Jakarta, Seul, Shanghai, Honolulu, Hawaii, California e poi anche Guam, Isole Marshall, Palau e una parte del Brasile. Vale a dire un potenziale mercato di oltre 800 milioni di esseri umani che comunque, oggi come oggi, assorbe e coinvolge almeno 300 milioni di persone che quotidianamente si divertono al ritmo del Jpop. Scusate se è poco.

(*) La National Medal of Arts è un premio creato dal Congresso degli Stati Uniti, nel 1984, allo scopo di onorare artisti e mecenati delle arti.

NB: i dialoghi di questo libro sono stati rielaborati, adattati e, in alcuni casi, ideati e rappresentati in sintonia con le esigenze narrative dell'opera stessa.

NB2: Kōda o Koda? Tokyo o Tōkyō? Yūko o Yuuko? Solo piccoli esempi dei dubbi emersi nelle discussioni tra amici sulla correttezza della stesura di nomi e termini nipponici. Kumi Kōda, scritto con il *macron,* è più corretto dello stesso nome senza il trattino che indica il raddoppio della vocale. Ma quel trattino non esiste su album e Cd. Stesso discorso per Tōkyō o Yūko. Alla fine, per non generare confusione è stato deciso, ma non in tutti i casi, di tralasciare le pretese delle translitterazioni e l'abuso dei segni diacritici.

CAPITOLO 62

FINAL CHAPTER

Nel lontano 1982, l'attore Rutger Hauer, nei panni del replicante del film *Blade Runner,* ha ispirato un modo di dire entrato ormai nel linguaggio comune, oltre che nell'immaginario dell'umanità intera. «Io ne ho viste cose, che voi umani non potreste immaginare», sosteneva l'androide artificiale di *Blade Runner.* Una frase che ben riassume quello che viene da pensare a proposito della musica pop, rock e jazz nipponica. Come a dire: ho visto cose che in Europa e in certi casi anche nel mondo anglosassone, difficilmente abbiamo modo di vedere. Varrebbe quasi la pena di sottolinearle tutte con un bell'evidenziatore giallo. O magari fare il gioco del *Dizionario del Diavolo* stile Ambrose Bierce, lettera dopo lettera, divertendosi a commentare le differenze. Ma se ci penso bene, forse sarebbe scontato. Magari è meglio dare solo qualche consiglio per gli... ascolti. Qualche dritta ai musicofili un filo più curiosi.

NOTE A MARGINE

In Italia ed Europa, gli album su Cd nipponici sono reperibili soprattutto online a prezzi abbastanza alti e solo per il 20 o 30% degli artisti in attività. Tranne casi particolari è più conveniente acquistarli direttamente dai siti giapponesi. Inclusa l'IVA da pagare al postino o corriere, infatti, i prezzi sono sempre inferiori di un buon 30 o 40% rispetto ad album e Dvd comprati in Europa. Discorso diverso per i venditori web tedeschi, inglesi o svizzeri che fanno parte di circuiti più grandi come Amazon. Anche iTunes può essere d'aiuto, ma fino a un certo punto perché, almeno in Italia, consente di scaricare davvero poco dell'enorme library musicale nipponica. Discorso diverso per YouTube, che rappresenta l'unica opportunità per gustarsi i video degli artisti giapponesi e farsi un'idea di solisti e band del Sol Levante, entrare in confidenza con il sound e poi decidere se acquistare album, Dvd o Bluray live sfruttando il web.

CAPITOLO 63

MICRODISCOGRAFIA CONSIGLIATA
PER UN PRIMO APPROCCIO AL JPOP

"Nel corso degli ultimi 15 giorni sono stato a dieta; quanto ho perso? 15 giorni!". Quest'aforisma di Mark Twain ha molto da insegnare. Per non perdere tempo inutilmente vale sempre la regola del Greatest Hits, la compilation dei grandi successi. La prendi, la ascolti e se il genere ti piace vai a caccia degli album continuando la personale ricerca musicale. Ecco una manciata di Cd e video su Dvd e Blu-ray consigliati.

CD ALBUM

Angela Aki
♪ *Blue* ♪ *Tapestry Of Songs*
Chitose Hajime
♪ *Kataritsukoto*
ayumi hamasaki -
♪ *A Complete: All Singles*
♪ *Rock'n'Roll Circus*
♪ *Love Songs*
♪ *A One*
Maaya Sakamoto
♪ *Everywhere*
Ayaka Hirahara -
♪ *Path Of Indipendence*
♪ *What I am*
Ayaka
♪ *The Beginning*
♪ *Yuon Club -1st grade -*
B'z
♪ *The Best XXV 1988-1998*
♪ *The Best XXV 1999-2012*

Fukuyama Masaharu
♪ *Best Bang*
Mr. Children
♪ *2001-2005 "micro"*
♪ *2005-2010 "macro"*
GLAY
♪ *White Road: Ballad Best*
♪ *Music Life*
Misia
♪ *Super Best Records - 15th Celebration* ♪ *New Morning*
Dreams Come True
♪ *THE SOUL FOR THE PEOPLE Attack 25*
♪ *THE BEST! Watashi no Dorikamu*
Tsuyoshi Nagabuchi
♪ *Songs*
♪ *Love*
♪ *All Time Best 2014*

Yumi Matsutoya
♪ *40 Shunen Kinen Best Album "Nihon no Koi to, Yuming to".*
Southern All Stars
♪ *Ballads 3 ~The Album of Love~*
♪ *Budo*
L'Arc-en-Ciel -
♪ *Twenity 1991-1996*
♪ *Twenity 1997-1999*
♪ *Twenity 2000-2010*
Himuro Kyosuke
♪ *25th Anniversary BEST AL-BUM*
Gackt ♪ *Love Letter*
Scandal ♪ *Best Scandal*

Kyary Pamyu Pamyu
♪ *Pamyu Pamyu Revolution*
Namie Amuro ♪ *Ballada*
MINMI ♪ *Bad*
Ringo Shiina (o Sheena)
♪ *Hi Izuru Tokoro*
♪ *Watashi to Houden*
♪ *Gyakuyunyu - Kowankyoku*
Kumi Koda ♪ *Bon Voyage*
♪ *Japonesque* ♪ *Best: Third Universe & 8th Universe*
Miyuki Nakajima
♪ *I Love You, Kotaete Kure*
♪ *Mondai Shu*
Leo Ieiri ♪ *A boy*
Wagakki Band
♪ *Vocalo Zanmai*

CAPITOLO 64

TOUR LIVE
SU DVD E BLU-RAY

ayumi hamasaki
• *Power of Music 2011*
• *Rock'n'Roll Circus Tour Final: 7days Special*
• *Premium Showcase -Feel The Love-*
• *COUNTDOWN LIVE 2014-2015 A Cirque de minuit -Mayonaka no Circus*

Kumi Koda
• *Live Tour 2013 -Japonesque*
• *Live Tour 2014 -Bon Voyage-*
Maaya Sakamoto
• *15th Anniversary Live "Gift" at Nippon Budokan*
Misia
• *The Tour Of Misia Japan Soul Quest -Grand Finale 2012 In Yokohama Arena-*

Hoshizora no Live VII -15th Celebration - Hoshizora Symphony Orchestra

DREAMS COME TRUE
- *WONDERLAND 2011*
- *Ura Dori Wonderland 2012/2013*
- *25th Anniversary Dreams Come True Concert Tour 2014 Attack25*

GLAY
- *Special Live 2013 in Hakodate Glorious Million Dollar Night Vol.1 e 2*

B'z · *LIVE-GYM 2011 -C'mon-*
B'z · *LIVE-GYM Pleasure 2013 - Endless Summer -XXV Best-*

Tsuyoshi Nagabuchi
- *Arena Tour 2010-2011 "Try Again" Live at Yoyogi National Stadium*
- *The Truth*

Ayaka
- *Live Tour 2013 Fortune Cookie -Nani ga Deru Kana!?*
Ringo Shiina
- *To Taikai Heisei Nijyugo Nen Kamiyama-Cho Taikai -*
Mr. Children
- *TOUR POPSAURUS 2012*
- *[(an imitation) blood orange] Tour*

Southern All Stars
- *SUPER SUMMER LIVE 2013*
Yumi Matsutoya
- *Concert Tour 2011 Road Show*
Angela Aki
- *Home Sweet Home "5 Years"- Best Hit & all request - In Budokan*

EXILE
- *Live Tour 2013 "EXILE PRIDE"*
Leo Ieiri
- *a boy - 3rd Live Tour*
miwa · *Spring Concert 2014 'shibuya Monogatari-kan'*

L'Arc-en-Ciel
- *Live 2014 at Kokuritsu Kyogijo*

Miyuki Nakajima · *Nakajima Miyuki "Enkai" 2012-3*

AKB48 · *Tandoku Haru Con in Kokuritsu Kyogijo - Omoide wa Zenbu Koko ni Suteteike!-*
Wagakki Band
- *Vocalo Zanmai*
JUJU · *JUJU Best Story Arena Tour 2013*

Kana Nishino · *Love Collection Tour - pink & mint -*
Kyary Pamyu Pamyu
- *no Magical Wonder Castle -*

REPRISE...

Vocetta, pensavo all'inizio. Vocetta, continuo a meditarci sopra in questo momento. Vocetta femminile, naturalmente.

Il 19 marzo 2015, un plico EMS (Express Mail Service) in arrivo dal Giappone mi coglie di sorpresa. All'interno c'è l'ultimo concerto di Ringo Shiina su Blu-ray, ovvero *Nama Ringo Haku'14-Toshionna no Gyakushu* e, insieme, anche *Walk of My Life,* ultimo Cd di Kumi Kōda. Continuo a chiedermi: ma da quali porzioni di cielo sono piovute queste due? Forse dal **paradiso delle vocette?** E se esiste, cosa succede veramente da quelle parti? Quali celestiali melodie si ascoltano lassù? Chissà. Non oso immaginarlo. Del resto, vocette e vocioni sottolineano e accompagnano da sempre la nostra esistenza. Vocette di lutto, stupore, tristezza e gioia. Oppure di protesta e rimpianto. Tra infinite sfumature timbriche, **i repertori vocali fanno sempre scintille.** Vocette parlate, declamate o cantate. A volte anche stonate (perché no?), rappresentano tutti i colori del suono. Probabilmente gli stessi di *Colors,* album del 2014 di ayumi hamasaki e, soprattutto, di *A One,* l'ultimo realizzato. "Sta arrivando", dice una vocetta dentro di me! Basta aspettare l'8 aprile 2015. E, nello stesso giorno, arriverà anche il *COUNTDOWN LIVE 2014-2015 A Cirque de minuit -Mayonaka no Circus-* su Blu-ray. "Sei pronto?". La vocetta al mio interno è sempre più insistente. **"Muuu"**, esclama. Certo che sono pronto, perché c'è sempre tanta buona musica da ascoltare nel mondo intero. Chissà quanta ancora non ne conosciamo e quanta ce ne sarà da scoprire finchè questo benedetto pianeta esisterà. E anche nel giorno in cui dovessero sbarcare gli alieni, ipotizzando una loro natura ostile, forse l'unico modo per sconfiggerli sarà quello di colpirli con una massiccia dose di cattiva musica. Quella che, di certo, non abbiamo trattato e commentato su queste pagine. **Perché la musica non avrà mai fine.** Amen. Anzi, **Kanpai!** Il Jpop è più vivo che mai...

- Libro dedicato alle coinvolgenti performance live di ayumi hamasaki -